你在为谁工作②

你在为自己的未来工作

第2版

Nizai Weishui Gongzuo
Nizaiwei Ziji De Weilai Gongzuo

吕国荣　吕品◎著

国家一级出版社　中国纺织出版社　全国百佳图书出版单位

内 容 提 要

《你在为谁工作2：你在为自己的未来工作》一书从员工的角度出发，针对员工在工作中的思想误区和困惑，用通俗的语言和生动的职场故事进行了细致深刻的剖析，让每位员工深刻反思自己"到底在为谁工作"这个问题。本书有助于员工解除工作中的困惑，调整心态，重燃工作的热情，使每位员工从普通走向优秀，从优秀走向卓越。

《你在为谁工作2：你在为自己的未来工作》一书告诉了我们改变职场心态的实用方法。本书既是一本员工进行自我激励、激发生命潜能的优秀读物，同时也是公司送给每一位员工的珍贵礼物。

本书具有深厚的人文关怀精神，是成就员工职业辉煌、提升企业凝聚力、建立企业文化的完美指导手册和员工培训读本。

图书在版编目（CIP）数据

你在为谁工作. 2，你在为自己的未来工作／吕国荣，吕品著. —2版.—北京：中国纺织出版社，2018.1（2019.11重印）
ISBN 978-7-5180-4088-9

Ⅰ．①你… Ⅱ．①吕… ②吕… Ⅲ．①企业—职工—职业道德 Ⅳ．①F272.921

中国版本图书馆CIP数据核字（2017）第231755号

策划编辑：于磊岚　　特约编辑：朱　方　　责任印制：储志伟

中国纺织出版社出版发行
地址：北京市朝阳区百子湾东里 A407 号楼　邮政编码：100124
销售电话：010—67004422　传真：010—87155801
http：//www.c-textilep.com
E-mail：faxing@c-textilep.com
中国纺织出版社天猫旗舰店
官方微博　http：//weibo.com/2119887771
三河市宏盛印务有限公司印刷　各地新华书店经销
2013 年 3 月第 1 版　　2018 年 1 月第 2 版　　2019 年 11 月第 6 次印刷
开本：710×1000　1/16　印张：14
字数：171千字　定价：39.80元

　　"你在为谁工作？"

　　无论是刚踏进职场的毕业生，还是已在职场打拼多年的老员工，都会被这类问题所困扰。

　　我们的一生，大部分的时间都是在工作中度过的，工作是我们生命中最重要的部分。很多人日复一日、年复一年地工作，却没弄明白自己到底在为谁工作。在他们看来，工作只是一种简单的雇佣关系，做多做少、做好做坏对自己意义不大。当被问及"你到底在为谁工作"这个问题时，大多数人的回答都类似："为公司、为老板工作！"

　　其实不然，你不是在为别人工作，而是在为自己工作！为自己的美好明天工作！为自己的未来工作！

　　"你在为自己的未来工作"，这是每一位员工都应当首先弄明白的问题。如果不能明白这一点，总认为自己在"为公司、为老板工作"，那就无法从根本上激起自己对工作的热情，每天只能像机器一样被动地运转，机械地完成任务，得过且过，做一天和尚撞一天钟；或者整天抱怨，把工作当成一件苦差事，久而久之，工作甚至会成为一个人的负担和拖累，这将会使自己非常痛苦。

　　明白了"你在为自己的未来工作"，你的工作热情就会被点燃，工作就会自觉自发地进行，最终实现个人的价值。

　　每个人一生中都不能离开工作，工作是我们安身立命之本，不仅能帮我们赚到养家糊口的薪水，还能为我们提供个人成长和施展才华的舞台。工作不仅丰富了我们的经验、提升了我们的能力，而且会为我们下一步的发展创造更多的机遇。同时，在平凡的工作中我们还学到了知识，增长了才能，使自己不断成长，最终实现自己的梦想。

无论从事什么职业，无论身处什么行业，弄明白"你在为谁工作"这个问题至关重要，再没有比"我只是在为别人工作"这种观念更伤害我们自己的了。所以我们应该深刻体会这个人生哲理：只有抱着"为自己工作"的心态，弄明白"在为他人工作的同时，也是在为自己工作"这个朴素的人生理念，才能心平气和地将手中的事情做好，最终获得丰厚的物质报酬，赢得社会的尊重，实现自己的人生价值。

《你在为谁工作2：你在为自己的未来工作》一书从员工的角度出发，针对员工在工作中的思想误区和困惑，用通俗的语言和生动的职场故事进行了细致深刻的剖析，让每位员工深刻反思自己"到底在为谁工作"这个问题。本书有助于员工解除工作中的困惑，调整心态，点燃工作的热情，使每位员工从普通走向优秀，从优秀走向卓越。

《你在为谁工作2：你在为自己的未来工作》一书告诉了我们改变职场心态的一些实用方法。本书既是一本员工进行自我激励、激发生命潜能的优秀读物，同时也是公司送给每一位员工的珍贵礼物。

本书具有深厚的人文关怀精神，是成就员工职业辉煌、提升企业凝聚力、建立企业文化的完美指导手册和员工培训读本。

著者
2017年8月

Contents
目 录

第三章

提升自己的能力，为自己未来的发展铺路

第四章

员工要有好人品，好人品成就好未来

第一章

我们都在为自己的未来工作

①

你在为自己的未来工作

很多人总认为自己是在为单位打工，为老板卖命。那么，我们到底是为谁工作呢？在回答这个问题之前，我们先来看一个小故事：

龙亮大学毕业后跟其他同学一样面临严峻的就业形势，每天都奔波在求职的路上。最后，为了生计，他进了一家企业担任质检员，薪水比普通工人还低，但是他十分珍惜这份工作。每当下班铃声响起时，其他同事总是迅速换上衣服，冲出厂房，而龙亮则总是最后一个离开，他十分仔细地做完自己的工作，并且在车间里走一圈，确认没有问题后才关上大门。

两个月后，龙亮发现该公司生产成本高，产品质量差，在这样的情况下，很多人肯定是闭口不提的，因为这是公司和老板的事，没有必要去管这种闲事，只要将自己的本职工作干好就可以了。但是龙亮却不遗余力地说服公司老板推行改革，以占领市场。

同事们都觉得龙亮很傻，拼死拼活还不就拿那点工资，甚至有个别同事还当面对他说："你让我们感到很难堪。"

龙亮有些疑惑不解，反问道："我让你们感到很难堪？这话从何说起？"

"你让老板认为我们不够努力。"同事停顿了一下又说："要知道，我们不过是在为别人工作，不值得这么卖命！"

"是的，我们是在为老板工作，但是，我们也是在为自己工作，为自己的未来工作！我认为自己这样卖力工作是值得的。我很乐意，也很快乐。"龙亮的回答十分肯定有力。

同事听罢，一脸不屑的样子，很不愉快地走开了。

一年后，为自己未来而工作的龙亮逐渐开始脱颖而出，他的改革建议使企业的利润增加了好几倍，他的薪水也翻了好几倍，并被提升为部门经理。

什么样的心态造就什么样的人生，我们平时应该以什么样的心态去面对工作呢？一种人认为我在为老板打工，得过且过，做一天和尚撞一天钟，完成自己的工作就行了，有这种思想的人其职业生涯相信也不会有大的进步；另一种人的心态是为自己的未来工作，他们不单单把工作看做一种职业，而是看做自己的事业，相信这种人在完成工作的同时自己也在不断取得进步。

工作是企业员工的必修课，我们更应该深刻地反思：我们为什么而工作？究竟是为了薪酬、理想和抱负，还是为了自己和企业的未来而工作呢？其实我们每个人不仅仅是为了自己的薪酬回报而努力，同时也是为了实现自己的理想，为了创造未来而努力。既然我们置身其中，那么就应该全力投入，就应该做好工作中的每一件事。

谁也不想在得过且过、碌碌无为中度过自己的一生。如果想要实现人生的目标，就要从现在开始为自己的未来铺路，因为成功不是一蹴而就的，成功是靠一点点的努力积累起来的。从现在开始努力工作，为自己的未来工作，在工作岗位上不断积累、不断努力，从而取得成功。

同时，在工作中历练成长是很重要的，真正认识到自己是在为未来工作的人，看重的是自己从工作中得到的收获，在工作中学到的知识和积累的经验，因为他们清楚这些都是自己事业大厦不可缺少的基石。

要想在工作中得到成长，首先要树立正确的观念——工作是为了自己的未来。不管你在哪里工作、为谁工作，首先要做的是把自己应该做的事情做好。其次要有正确的心态——为自己的未来工作而不是为老板工作。

聪明的员工明白是在为自己工作，更是为自己的未来工作，脚踏实地的耕耘者在平凡的工作中学到了知识，增长了能力，让自己逐步成长，最终实现了自己的梦想；而一心想着自己只是在为他人工作的人，只能活在每天的"迷茫"和"痛苦"中，度过并不愉快的一生。

　　无论从事什么职业，无论身处什么行业，弄明白"你在为谁工作"这个问题至关重要，再没有比"我只是在为别人工作"这种观念更伤害自己的了。我们要弄明白自己不仅仅是在为老板工作、为薪水工作，更是在为自己工作、为自己的未来工作，应该把工作当做一种属于自己的事业，用心去经营。

　　相信只有真正认识到"为自己的未来工作"的人，才会赢得一个美好的人生！

阅读思考：

　　（1）扪心自问，你在为公司和老板工作，还是在为自己的未来工作？

　　（2）想一想，弄明白"你在为谁工作"这个问题对自己的未来发展有哪些帮助？

　　（3）文中故事的主人公为什么会成功，他的成功给我们带来了哪些启示？

②

薪水算什么，要为自己的未来工作

很多年轻人在就职之前，关心的第一件大事是公司给自己的薪水有多少。如果某个公司薪水高，前去应聘的人便络绎不绝；薪水低，问津者便寥寥无几。

他们从来就不曾想过，工作除了得到薪水之外，还能得到什么？

其实，从对待薪水的态度，可以预测一个人将来是成功抑或失败。如果一个人只为薪水而工作，此外便无其他较高的目标，那他就不可能有更多的发展，也就是说，这个人与成功肯定没有多少缘分；如果不管薪水如何低廉，对一切工作都愿付出至善的服务与至高的努力，成功应该指日可待。

我们投身于职场是为了自己而工作。人生并不只有现在，还有更长远的未来。薪水固然重要，但那只是个短期的小问题，最重要的是要获得不断晋升的机会，为未来获得更多的收入奠定基础，更何况生存问题需要通过发展来解决。如果眼光只盯着温饱，得到的永远只是温饱。

以前，很多人为了学一门手艺，拜师学艺期间不拿一分钱报酬，不也是无怨无悔吗？在他们看来，能有一个好的学习技能和知识的机会是十分难得的，他们的努力和付出都是为了能够在将来开办自己的作坊或店铺。

现在，有的年轻人在学本事的同时还拿工资，却仍然抱怨不已，问题在于他们较为短视，忽略了个人能力的培养，还没有在现实利益和未来价值之间找到一个均衡点。

作为一个现代员工，不要只为薪水去工作，要有为自己的未来去工作的心态。下面来看看安格斯是如何不计较薪水去工作的：

维斯卡亚公司是美国20世纪80年代最为著名的机械制造公司，技术力量雄厚，并代表着当时重型机械制造业的最高水平，其产品销往全世界。能进入这样的大公司工作，是很多毕业生的梦想。毫无疑问，这样的大公司肯定是人才济济，要想在这样的公司谋得一席之地，非常不易。尽管这样，还是有不少毕业生想到该公司求职，因为在那里，不仅英雄有用武之地，还有着丰厚的薪水待遇，让你能享受高品质的物质生活。

和许多人一样，安格斯到该公司求职时也遭到拒绝，原因很简单，该公司的高级技术人员爆满，各种高技术人才所需有限。但安格斯并没有死心，他发誓一定要进入维斯卡亚公司。怎样才能进入这个公司呢，他采取了一个异于常人的策略——放弃自己的专长，接受基层工作，只要能进入这个公司。

他找到人事部，提出为该公司无偿提供劳动，不论做任何工作，他都可以不要任何报酬。哪有不要报酬为公司做事的人呢，人事部起初觉得这简直不可思议，但考虑到不用任何花费，也用不着操心，于是，便安排他到车间做最没技术含量、最底层的活——打扫车间里的废铁屑，顺便也想看看这个年轻人到底是怎么想的。

安格斯的做法让很多人大为不解，这么优秀的一个人才，竟然在一个扫地的岗位上工作，而且还不计报酬。但安格斯自有他的想法，只要能进入这个公司，虽然不是正式员工，只要自己有所作为，总有一天会得到公司认可的。

安格斯并没有为打扫而打扫，他是"醉翁之意不在酒"，在日复一日地打扫工作中，他细心观察了整个公司各部门的生产情况，并一一做了详细的记录。半年多以后，他发现了公司在生产中有一个技术性漏洞。为此，他花了近一年的时间搞设计，通过在工作中积累的大量统计数据，最终想出了一些改变现状的方法。

安格斯试图将自己的想法告诉总经理，可他根本没有机会见到总经理。

有一天，公司发生了一件非常重要的事情，许多订单都因为产品质量问题而纷纷被退回，如果拿不出质量更好的产品，公司将蒙受巨大损失。

为了挽救公司，董事会召开紧急会议商量对策，可是会议整整进行了6个小时还没有得出一个结果，这时，安格斯揣着自己的想法敲开了会议室的门，他对着正在开会的总经理说："我要用10分钟时间改变公司！"随后，安格斯对出现的问题做出了一个合理解释，并且在工程技术方面提出了自己的观点，最后，他拿出了自己对产品的改造设计图。这个设计非常先进，恰到好处地保留了原有的优点，同时又能避免出现问题。

按照安格斯的提议，公司生产出来的产品受到了客户的一致好评，他很快就因为对公司的巨大贡献而被聘为负责生产的副总经理。之后几年中，安格斯又通过自己在基层工作时所记录下来的点点滴滴，不断改进着公司的管理和生产。10年之后，安格斯不仅荣升为维斯卡亚公司的CEO，个人财富也跻身于美国的前50名！

安格斯不为薪水工作的同时，却为自己的未来创造了成功的契机。

一个人要想有所成就，最明智的办法就是选择一件即使报酬不多也愿意做下去的工作，像安格斯一样。

暂时地放弃是为了未来更好地获得。薪水微薄又有什么关系呢？我们应该认识到，老板交付给的任务能锻炼我们的意志，上司分配给我们的工作能发挥我们的才能，与同事的合作能培养我们的团队意识，与客户的交流能训练我们的沟通技巧。工作单位是我们生活的另一所学校，因为工作能够丰富我们的思想，增长我们的智慧。

一个人的人生如果分为两个阶段，那么，前一阶段就是用金钱买智慧，后一阶段则是用智慧换取金钱。工欲善其事，必先利其器。我们每一个人都要趁自己年轻的时候，利用一切工作机会来完善自己、提高自己。不要做一个只为薪水工作的员工，薪水只是工作回报你的一种方式，尽管它很直接，但是，它也是最短视的。如果你只是为了薪水而工作，而没有其他更高层次的目标，你的生活将因此而陷入平庸之中，你找不到人生中真正的成就感。工作的目的虽然是为了获得报酬，但工作能给你带来的远比信封中的薪水多得多。

在你工作时，要时刻告诫自己：我要为自己的现在和未来而努力。无论你的收入是多是少，都要清楚地认识到：那只是你从工作中获得的一小部分。

要想在职场上成为一个叱咤风云的人物，最好不要老是想着薪水的多少。在工作过程中，尽量发挥出自己的才能和智慧，努力提高工作效率，不断追求进步，积极地做你的工作。这样，老板就会对你另眼相看。

在现代公司提升员工的标准中，员工的能力及其所做的努力占有很大的比例。只要你是一位努力尽职、不只为薪水工作的员工，总会有被提升的一天。总之，不论你的老板有多吝啬、多苛刻，你都不能以此为由放弃努力。因为，你不仅是为了目前的薪水而工作，还是为了自己的未来而工作。

世界上大多数人都在为薪水而工作，如果你能为自己的未来而工作，你就超越了芸芸众生，也就迈出了成功的第一步。

阅读思考：

（1）你在为自己的未来工作，还是为当前的薪水工作？

（2）你计较过自己的薪水吗？这种计较给你带来了什么样的结果？

（3）想一想，为什么我们不对薪水斤斤计较，反而会获得更多？

（4）看了安格斯的故事，你有什么感想？如果你是他，你也会像他那样去做吗？

③

我们都是在为自己的幸福工作

我们为什么工作？

答案可能形形色色，五花八门，林林总总，丰富多彩，但从根本上说，我们都是在为自己的幸福工作。

每个人都希望自己幸福，每个人一生都在不断追求幸福。作为一名普通员工，我们大部分时间都在忙碌的工作中度过。那么，我们的幸福在哪里？如何才能找到幸福？如何做一名有幸福感的员工？这是我们经常思索、不止一次追问的问题。

下面这个故事也许能帮助我们找到问题的答案：

一群年轻人到处寻找快乐和幸福，可不但没有找到，还遇到许多烦恼、忧愁和痛苦。

于是他们去向古希腊哲学家苏格拉底请教，问他快乐和幸福到底在哪里。

苏格拉底听后笑了笑，说："你们还是先帮我造一条船吧！"

这些年轻人知道苏格拉底博古通今，无所不知，就把寻找快乐和幸福的事搁在一边，大家热热闹闹地找来造船的工具，先锯倒了一棵又高又粗的大树，然后挖空树心，开始造一艘结实又漂亮的独木船。

大家默契配合，每个人都热情、认真和专注，苏格拉底看到他们愉快干活的情景，就问他们说："造船好玩吗？"

大家都说："太好玩了，造船真是一件让人快乐和幸福的事情。"

苏格拉底便告诉他们："快乐和幸福就是这样，它常常会在你为某个目标全心全意地付出时随之拥有，也会在你与他人的精诚合作中油然而生。"

　　大家听了纷纷表示赞同。他们谢过苏格拉底的教导，继续快乐地造船。大约用了一个月的时间，大家终于造出了一条结实又漂亮的独木船。

　　独木船下水那天，年轻人先将老师请上船，一边合力荡桨，一边齐声唱起歌来。

　　这时苏格拉底问他们："孩子们，你们感到快乐吗？你们感到幸福吗？"

　　大家不约而同地高喊着说："哈哈！快乐极了，幸福极了！"

　　苏格拉底又说："是啊，幸福和快乐也是人达到目标的一种慷慨给予。如果我们有一个具体可行的目标，并能为之全心全意地付出，我们就能在这一过程中收获各种各样的幸福和快乐。"

　　这个故事中的一群年轻人找到快乐和幸福了吗？他们找到了。那幸福在哪里呢？幸福在为了一个明确目标的辛勤工作中。幸福是一种美好的感觉，是一种美妙的心理体验，是一种良好的精神状态。

　　人生的价值在于工作，人生的幸福源于工作，工作着是幸福的。是的，我们每个人都是在为自己的幸福而工作，并在工作过程中享受快乐和幸福。

　　作为职场中人，你每天有三分之一的时间在工作，如果工作不幸福，或者不去主动追求幸福，那么工作将会是一场漫长而又痛苦的马拉松。

　　常听人抱怨自己的工作如何不顺心，如何的苦和累，究其原因，是没有意识到工作是幸福的。诚然，工作为了挣钱、为了生活，这是无可厚非的。但如果认为工作的目的仅在于此，那么，这种完全被动的工作，就会让人陷入痛苦的境地。但换个角度看问题，只要从自己的工作中感受乐趣、感悟幸福，那么，种种的不顺心就会烟消云散。

　　美国作家伦丁、保罗和克里斯坦森所著的《鱼》一书中，有句话说得非常好："当我们死心塌地地热爱自己所做的工作时，我们才能享受工作带来的幸福，过得满足而又有意义。"当一个人全身心地沉浸在自己所热爱的工作中时，就会感受到前所未有的兴奋与满足，这就是一种幸福。

　　工作是学习和自我积累的过程，其间充满了各种挑战。把幸福感建立在认真工作、自我锤炼的基础上，重视努力的过程，淡化追求的结果，享受工作带来的愉悦感受，在工作的道路上扎扎实实地迈好每一步，使个人意志得到磨炼、能力得到提升，实现自我升华，我们才能从中体会到努力带来的幸福。

努力工作不仅为我们带来收益，更多的是我们实现幸福的一种方式，是社会给我们的一种馈赠。工作不仅给我们提供了物质保障，让我们衣食无忧，更多时候是我们的一种精神寄托，一种精神追求，一种实现人生价值的方式。一个人如果精神空虚，做一天和尚撞一天钟，每天都在混日子，就很难收获幸福。而一个人如果工作积极努力，精神面貌斗志昂扬，性格乐观开朗，生活积极向上，充满阳光，就会收获更多的幸福。

《中国青年报》曾刊登过一篇《工作着幸福着》的文章，文章说："当我圆满地完成一天的工作时，心里特别踏实舒畅。上完夜班跨进家门的刹那，扑面而来的满是家的温馨气息，1岁的可爱女儿娇憨地睡在妻子身边，甜甜的奶香弥漫满室……那一刻我彻底醉了，这，不就是我所追求的幸福吗！在为企业创造价值的同时，又能让妻儿老小享受这份宁静安适的和谐生活，对家庭有用，对社会有益。我，一个普通的技术工人，就是这样工作着幸福着。"

工作是通向幸福的最佳途径，是一把开启广阔前景的"金钥匙"。

工作对于每个人来说，都具有极大的价值与意义，工作成为我们赖以成就自己事业与梦想的平台。工作是珍贵的，工作着的人是幸福的。

身在职场，首先要明白我们是在为自己的幸福工作，我们应该在力所能及的范围内努力提升自身对工作的幸福感，只有认识到工作是一种幸福，我们才能对工作充满激情，才能拥有和谐的人际关系，才能优质高效地完成任务，才能与公司实现双赢！

阅读思考：

（1）你感受到工作给你带来的幸福和快乐了吗？

（2）看了文中的故事，你受到了哪些启示？

④

为实现自我价值而工作

我们每天辛苦地工作，到底是为了什么？难道就是为了领那点薪水吗？当然不是！

我们工作的目的，不仅是为了满足生存的需要，还有更高层次的追求，那就是自我价值的实现。

在很多人看来，工作的目的就是为了赚钱，养家糊口，谋求生存，这没有错。可是，我们想过没有，如果工作仅仅是为了赚钱，养家糊口，那么，世界首富比尔·盖茨为什么还要工作？华人首富李嘉诚为什么还要工作？并且他们一直都在很努力地工作。

像这样的例子还有很多，那些有着巨额"薪水"的人，他们到底在为什么而工作呢？

众所周知，微软公司使数以万计的雇员成了百万富翁。可是，鲜为人知的是，他们中许多人在取得了经济独立之后，却仍继续留在微软工作。在某些人看来（如那些有着"我若中了六合彩，首先就向老板辞职"之类想法的人），这些百万富翁大概是发了神经。的确，大多数人认为，发财就等于取得了辞职的资格证书。但是，事实证明，微软公司的百万富翁们并不那样认为。

如果你知道了微软公司的工作条件并非舒适安逸，你就会觉得雇员们的这种献身精神难能可贵。在这里，一周工作60个小时是常事。在主要产品推出的前几周，每周的工作时数还会过百。微软公司也并非以其高额津贴出名。相反，它却以"吝啬"著称。据该公司的一位前任副总裁透露，多年以来，董事长比尔·盖茨因公出差时，总是自己开车去机场，而且坐的是二等舱。

那么，是什么神奇的吸引力，竟使这些百万富翁不是因为自己经济的需要而如此卖命地工作呢？答案只有一个，那就是自我价值的实现！

美国Viacom公司董事长萨默·莱德斯通在63岁时开始着手建立一个很庞大的娱乐帝国。他在谈到自己的工作动力时一语道破天机："实际上，钱从来都不是我的动力。我的动力是对于我所做工作的热爱，我喜欢娱乐业，喜欢我的公司。我有一种愿望，要实现生活中最高的价值，尽可能地实现。"是的，正是这种自我实现的热情，使那些百万富翁们热衷于他们所做的事业，而并非单纯地仅仅为了薪水和名利。

马斯洛的需要层次理论认为，人的需要有五个层次，它们分别是生理需要、安全需要、情感和归属需要、自尊需要和自我实现需要。由此可见，为薪水而工作，只是人们最低层次的需要，实现自我价值才是人们所真正渴求的。

对于在职场中打拼的员工而言，工作是他们实现自我价值的一个很好的途径。因而，从踏上工作岗位的那一刻起，我们应该懂得这样一个简单的道理：工作是为了价值而不仅仅是为了薪水。

如果你依然无法确定自己是否是为了实现自我价值而工作，就请先明确自己到底是在为谁而工作。在你确定自己是在为自己而工作时，你就会懂得自己是在为价值工作而不是为薪水工作了。

在工作中获得尽可能多的技能和经验，是人们实现自身价值的最基本方式与途径。薪水只是工作的一种报偿方式，虽然是最直接的一种，但绝不是唯一的一种。一个人如果仅仅为了薪水而工作，没有更高远一些的自我提升和发展意识，工作起来就会缺乏热情，感到自己是在做苦役，内心很累。即使所从事的工作是自己喜欢的，也丝毫感觉不到工作的乐趣。

有自我实现需要的人，往往会把工作视为一种创造性的劳动，视为一种使命，会竭尽全力做好它，使个人价值得到实现。在自我实现的过程中，他将体会到满足感和充实感。

工作有着比薪水远为丰富的内涵，工作是人的一种需要。可以说，生命的价值只有在工作之中才能表现出来，只有积极地、创造性地开展工作，我们才能取得成就并享受成就感。

　　当我们开始推诿责任，当我们丧失工作激情，当我们对工作产生抱怨情绪时，我们不妨暂时停下手中的工作，静静反思一下："我究竟在为谁工作？"其实最佳的答案只有一个，那就是"为实现自我价值"而工作，让生命的价值闪光。

阅读思考：

　　（1）问问自己，是在为实现自我价值而工作，还是仅仅在为薪水工作？

　　（2）世界首富比尔·盖茨为什么还要工作？他的工作动力是什么？

⑤

工作岗位是我们发展和成长的平台

工作岗位是人生旅途拼搏进取的支点，是实现人生价值的平台。热爱自己的工作，意味着你的人生价值会得到良好的提升。

公司实际上是每一个员工生存和发展的平台。公司中的每个人，无论是老板，还是员工，都是在这个平台上履行着自己的职责，发挥着自己的作用。任何人离开了这个平台，就如同演员离开了舞台，无法施展自己的才华。公司为我们提供了工作的机会，搭设了施展才华的舞台，我们因此才有事业和成就。

许多员工认为自己只是一个打工者，与公司只是一种雇佣与被雇佣的关系，把公司仅仅当成一个完成工作的地方，甚至有意无意地将自己置于与老板对立的位置。这种心态和认识对于一个人的职业发展是十分不利的。

一份工作对你而言意味着什么，是一份维持生活的薪水还是一个成就自己人生事业的机会？不同的人对此有不同的看法，但对大多数人来说，工作就是个人历练成长的基石。除了极少数人能直接创建自己的事业外，大多数人都必须走一条相同的路——在工作岗位上磨炼，依托平台来拓宽自己的事业之路。

年轻人初入职场时，切记不要过分考虑薪水，而应注重工作带来的隐性报酬，抓住机会发展自己的能力，把公司当成自己生存和发展的平台。

多年前盛夏的一天，一群工人正在铁路的路基上工作。这时，一列缓缓开来的火车打断了他们的工作。火车停了下来，从一节特制的车厢里下来一个人，这人友好地跟这群工人的主管大卫·安德森打招呼："大卫，是你吗？"

大卫·安德森回答说："是我，吉姆，见到你真高兴。"

于是，大卫·安德森和这个叫吉姆的人进行了愉快的交谈。在长达1个多小时的愉快交谈之后，两人热情地握手道别。

下属们就问大卫·安德森："刚才那个人是谁啊？"

大卫·安德森说："墨菲铁路公司的总裁吉姆·墨菲！"

下属们对于他是墨菲铁路公司总裁的朋友这一点感到非常震惊。他们奇怪地问："你怎么跟他认识，而且那么熟悉？"

大卫·安德森解释说，20多年前他和吉姆·墨菲是在同一天开始为这条铁路工作的。

其中一个下属半开玩笑半认真地问大卫·安德森："为什么你现在仍在骄阳下工作，而吉姆·墨菲却成了总裁？"

大卫·安德森非常惆怅地说："20多年前，我是为每小时1.75美元的薪水而工作，而吉姆·墨菲却是为这条铁路而工作。"

为事业而工作的成了总裁，为薪水而工作的处境却没有改变。

这个故事足以说明：为什么有的人工作了一辈子却还是一名普普通通、薪水微薄的员工。

职场上有很多人像大卫·安德森一样，仅仅把公司当成一个完成工作的地方，工作也只是为了自己的那份薪水，他们总会盘算：我为老板做的工作应该和他支付给我的工资一样多，只有这样才公平。这种短浅的目光不但使他们的工作充满了痛苦，也会使他们丧失前进的动力。而吉姆·墨菲则不同，他在大卫·安德森为了1小时不到2美元的薪水而工作时就把整条铁路当成了自己的奋斗目标，把工作看成一个自身生存和发展的平台，这样，原本卑微单调的工作就成了事业发展的一个契机。

公司是员工生存和发展的平台，真正优秀的员工应当像吉姆·墨菲那样，把公司看成一个实现自身价值的地方，始终与老板站在同一个立场上，自觉地维护公司的利益，建设和发展公司这个平台。这样，公司越来越大，越来越好，就能为员工创造更多的机会，提供更大的发展空间。

我们从工作中所获得的一切、所享受到的一切，不是平白无故的，而是许多人创造、奉献的，这其中也包括你的公司和老板。公司和老板给了你一个机会，一个施展才华的平台，给你提供工作环境、办公设备、各种便利、福利等，成就了你的事业，你的价值，你的人生。

1992年，潘刚大学一毕业就分配到回民奶食品厂（伊利集团前身），在车间做质检员。一年后，伊利集团决定在金川地区筹建冰淇淋厂质检部。金川地区荒凉、偏僻，条件艰苦，远离总部，当时很多人都不看好这个项目，都不愿意去，潘刚却自告奋勇地去了。

在筹备质检部的过程中，潘刚在实践中提升了自己独当一面的工作能力。1996年，伊利集团在乌素图一个更偏远的地区收购了一家倒闭的工厂，决定筹建矿泉水饮料公司。对于这个同样没人愿意去的地方，潘刚再度放弃自己熟悉的工作，无怨无悔地带着几名大学生来到这里重新开始。他把这些当做是锻炼自己能力的一个机会。这是一个全新的业务，潘刚在这里可以独当一面、尽情地展现自己的才能。事实上，他确实得到了全方位的锻炼，能力也得到了提升，成了矿泉水饮料公司的总经理。

1999年10月，伊利集团成立了项目部，被称为"最熟悉伊利的人"的潘刚因多年基层工作经历的积淀和极强的沟通、协调能力，具备了不凡的实力，被集团委任为项目组组长，随后又被任命为液态奶事业部总经理。3年后，32岁的潘刚升任伊利集团总裁。2005年6月，35岁的潘刚全票当选为伊利集团董事长，兼任总裁。

也许在我们平常人看来，潘刚的一路晋升顺风顺水，似乎归属于运气好的那一类。那是我们只看到别人成功辉煌的一面，却没看到别人在成功路上洒下的汗水和辛劳。回首自己的成长历程，用潘刚自己的话说：我几乎每年迎接一个挑战，苦的、累的、未知的，什么都干过。

依托伊利这个平台，潘刚靠自己的悟性和努力伴随着企业成长，从质检员、车间主任、分公司经理，一直做到集团董事长。走过一路风雨，经受了极大的锻炼，这是非常宝贵的经历。这一切都是伊利这个平台给他带来的。

　　企业中每个工作岗位都承担着一定的职能，都是员工在企业中扮演的角色，也都在社会分工中占有一席之地。作为一名员工，我们在企业中谋求了一个职位，并不仅仅意味着掌握了谋生的渠道，更重要的是拥有了一个位置、一个可以得到社会承认的身份和一个可以施展才华、发展自我的机会，拥有了这个机会，我们就可以成就事业并且履行一定的社会职责，就可以兢兢业业、尽职尽责地去实现自己的价值。一个人一旦从事了自己热爱的工作，他就会全身心地投入工作中，并且拥有持久的动力和热情，在平凡的岗位上做出不平凡的事业。

阅读思考：

　　（1）看了大卫·安德森和吉姆·墨菲的故事，你有哪些感想？是什么因素导致了他们之间有如此大的差距？

　　（2）依托伊利的平台，潘刚获得了巨大的成功。你充分利用公司给予你的这个平台了吗？

　　（3）为什么说工作岗位是我们施展才华的平台？你打算如何对待自己的工作岗位？

6

工作是我们实现梦想的途径

每个人都有自己的梦想，梦想当上经理、总裁或者亿万富翁，但任何一个梦想的实现都要有其基础并付诸行动。工作既是我们实现梦想的基础，也是我们实现梦想的最佳途径。

充满梦想，对我们来说，是件好事，但我们还需要懂得：梦想只有在脚踏实地的工作中才能得以实现。许多浮躁的人都曾经有过梦想，却始终无法实现，最后只剩下牢骚和抱怨，他们把这归因于缺少机会。脚踏实地的人在平凡的工作中创造了机会，抓住了机会，最终实现了自己的梦想。

每一个在职场中打拼的人，都梦想着有朝一日能从一个平凡员工成长为一名卓越员工。事实上，当今世界那些最出色的人也确实大都经历过这样的职业生涯之路。那么，怎样才能实现这一职业理想，从平凡走向优秀，从优秀走向卓越呢？

在《一生的资本》一书中，奥里森·马登提到了美国著名企业家查尔斯·齐瓦勃先生的成功故事：

18岁那年，出生在美国乡村的齐瓦勃来到钢铁大王卡耐基所属的一个建筑工地打工。此前，他在一个小山村做马夫。在建筑工地工作期间，当其他人在抱怨工作辛苦、薪水低而怠工的时候，齐瓦勃却任劳任怨地做着一切，默默地积累着工作经验并自学建筑知识。当同伴们晚上打牌或闲聊时，他却在角落里看书。因为此时的他希望自己成为同事中最优秀的人。

有一天，公司经理来到工地，看见了他手中的书和他的笔记本并翻了翻，问："你学这个干什么？"

齐瓦勃说："我想，公司缺的不是建筑工人，而是有专业技术的人员和管理人才。您说是吗？"

经理被齐瓦勃的敬业精神和上进心所感动，虽然什么也没说，只是点了点头就离开了。

不久，齐瓦勃就被升任为技师。打工者中，有些人讽刺挖苦齐瓦勃，觉得他是个"傻瓜"。齐瓦勃对此处之泰然，他回答说："我不光是在为老板工作，更不单纯为了赚钱，我是在为自己的梦想工作，为自己的远大前途工作。我们只能在业绩中提升自己。我要使自己工作所产生的价值远远超过所得的薪水，只有这样我才能得到重用，才能获得机遇！"

抱着这样的信念，齐瓦勃一步步升到了总工程师的职位上。25岁那年，齐瓦勃当上了这家建筑公司的总经理。

当时，卡耐基的钢铁公司有一个天才的工程师兼合伙人琼斯，在筹建公司最大的布拉德钢铁厂时，琼斯发现身为总经理的齐瓦勃每天都是最早来到建筑工地的。便问齐瓦勃为什么总来得这么早，齐瓦勃回答说："只有这样，当有什么急事的时候，才不至于被耽搁。"

琼斯发现这个年轻人有着不一般的工作热情和管理才能。工厂建好后，琼斯推荐齐瓦勃做了自己的副手，主管全厂事务。两年后，琼斯在一次事故中丧生，齐瓦勃便接任了厂长一职。在齐瓦勃的管理下，布拉德钢铁厂成了卡耐基钢铁公司的灵魂。

因为有了这个工厂，卡耐基才敢说："什么时候我想占领市场，市场就是我的。因为我能造出又便宜又好的钢材。"

几年后，齐瓦勃被卡耐基任命为钢铁公司的董事长。

一个马夫，后来竟然能做到卡耐基钢铁公司的董事长，年薪100万美元。那么他成功的资本是什么呢？

在任何一个职位上，齐瓦勃都能做到心情愉悦，同时在业务上追求尽善尽美，这样，同一部门中那些有难度、要求高的工作，都得由他来处理。久而久之，他地位的上升也成为一种必然。而事事马马虎虎、处处投机取巧、时时认为自己所耗的精力太多、对工作本身很轻视冷淡的那些人，即使学识再高、本领再大，也绝不会有出人头地的一天。

对于一个有抱负的普通员工来说，追求的目标越高，对自己的要求越严，他的能力就会发展得越快。要想把看不见的梦想变成看得见的事实，就要在工作中兢兢业业，把工作当成自己的私事一样干。强烈的敬业精神会将你推上成功的良性轨道，并积极引导你实现自己的人生梦想。

齐瓦勃的故事给我们这样的启示：一个员工从平凡走向优秀，从优秀走向卓越并不难，如果你是一个能够为自己设立伟大目标并勤勤恳恳地奋斗与拼搏，而不是一个牢骚满腹、寻找各种借口的员工，那么，即使你出身卑微、地位低下，也同样能够成就伟大的事业。

对于工作我们不能始终抱着"我不过是在为老板打工"的观念，或仅仅为薪水工作，我们应该为自己的梦想而工作，为自己的前途而工作，为未来的人生和成长而工作。要知道，工作不只为了解决温饱，更是为了实现自己的梦想，为了成就一番自己的事业。

只有对自己的工作目的有了正确的认识，把梦想作为你的工作目标，才能以饱满的热情、自觉自发的工作态度、积极的开拓进取精神、顽强拼搏的斗志投身到工作中去，才能实现自己的人生梦想和职业目标。

阅读思考：

（1）在职场打拼，你的梦想是什么？

（2）查尔斯·齐瓦勃为什么能从一个普通的打工者成为公司的领导者？他靠的是什么？我们应该向他学习什么？

⑦

把工作当成自己的事业来经营

人的一辈子花在工作上的时间大约有三分之一。因此，把工作当成一件什么样的事情来看待，对一个人的发展十分重要。

虽然工作薪酬是我们生存的经济来源，也是我们成就感和价值感的所在，但是从工作中获取金钱不应该是我们工作的全部意义，而把工作当成自己的事业才是最重要的。当我们从事一份工作之前，首先要真正弄明白一个问题：我们工作是为了自己的未来。

从某种意义上说，一个为自己未来工作的人，才会有成就感，也才能够不断提升自己的价值，成为老板所倚重的员工。

对于工作，我们不仅要把它当成一种职业，更要把它当成一种事业。如果一个人能够把职业当事业，那么他就成功了一半。

很多人喜欢看中央电视台的知名栏目《百家讲坛》，能上《百家讲坛》的大都是各个领域的专家、教授、学者等知名人物。可是讲坛上"正说清朝二十四臣"的纪连海，却是一个普普通通的中学历史教师，他的讲座受到人们的热棒，很多人也因此记住了他。

当中央电视台《人物周刊》的节目主持人问纪连海有什么成功的秘诀时，他说："自己只是把教师职业当成事业来做。"

对待工作的态度无非就是两种：一种是当成一份职业，养家糊口；另一种是把工作当成事业来做。把工作当成事业，才能走得更远，才能实现自身的价值。

一位著名的管理学家曾说过："把职业当工作，往往一事无成；把职业当事业，往往成就非凡。"

职业和事业，虽一字之差，反映出来的却是两种完全不同的心态：打工心态与老板心态。当我们抱着不同的心态去工作时，就会有截然不同的结果。

"职业"是指个人在社会中所从事的作为主要生活来源的工作。"事业"是指人所从事的具有一定目标、规模和系统，对社会发展有影响的活动。

事业是终生的，而职业是阶段性的。职业往往是对工作伦理规范的认同，比如，自己从事了某项工作，获得了一定报酬，工作伦理规范就要求他尽心尽力完成相应的职责，如此才能对得起自己所获得的报酬，职业往往仅是作为一个人谋生的手段而已。而事业则是自觉的，是由奋斗目标和进取心促成的，是愿为之付出毕生精力的一种"职业"。

陈云峰曾是国美电器的核心人物，历任国美电器上海区、天津区总经理，香港开业副总指挥，北京总部第一任营销总监和管理中心总经理。

2008年10月，陈云峰在自己的博客上写道：

1999年，那年我30岁，刚刚上任天津国美电器公司总经理。当时，我认为我就是个打工的，所以想事情的角度和做事情的力度，都有局限性。

当时，华天是总经理助理，他是从北京总部派过来的。他了解了我的想法，有一天闲聊，他明确建议我："虽然您只是个总经理，但您给自己的定位一定要高，不要拿现在的工作当成一个'职业'，而要当成自己的'事业'，要有'我就是老板'的正确定位。"

当时我很受启发，这么多年，这句话我一直铭记，力求把公司的事和老板的事当成自己的事来做。

我现在逐渐明白，成功者与失败者，就在于对事情的态度不同：一个是把职业仅仅当做事情来做，是在做事；而另一个则是把职业当做事业来做，即以事业的态度来做事。

职业与事业，一字之差，但差此一字，谬之千里。两者在内涵、时间、空间和性质上，都绝不相同。

平庸者做职业，成功者做事业。

把职业仅仅当做职业来做，你就看不到职业与事业之间的联系，导致职业与事业之间彼此是孤立的、琐碎的、麻烦的，做完事情之后就脱手。

认真一点的，会想着把职业做得好一点，出色一点；认真程度差一点的，就连单纯的职业也做不好，草率收场，敷衍了事，把职业当做一种不得不做的麻烦。把职业当做事业来做，你就会把职业与事业联系起来，拓展职业的发展空间，就会设计未来，把每天所做的职业当做一个连续的过程，因而会将小事做大，逐渐发展成为事业。

所以，在职业生涯中的人们，想一想老板的风险和压力，很多事情就想通了，心态也就平和了。如果能够上升到把老板交给的工作当成自己的事业去经营，就会有更大更广阔的发展空间。

每个人都有自己的职业，有人把职业当成谋生糊口的手段，有人把职业当事业，当成艺术来经营，而一个有作为的员工绝对是把职业当事业的人。在人的一生中，最能凝聚人的力量，最能激发人们持久热情的是什么呢？那就是事业。

每一个人，身在职场，首先要认清自己，你所从事的职业，完全由你自己的职业取向所决定。你的取向是把职业当生活的来源对待，还是把职业当做自己一生的事业来对待。

人要生存，离不开物质基础。农民种地、工人做工，首先都是因为职业使他们能够换取养活自己或者是养活家人的物质，是一种生存的需要。如果仅仅把自己的工作当成是一种生存的需要，就有人会因为职业的不好，产生不如意、不称心的感觉，在工作中因为无奈而被动工作，仅限于完成每天的工作或是上完每天的班，产生厌烦、畏难情绪。

而把职业当做事业时，自己会愿做、想做，会积极主动投入工作，对自己从事的职业产生兴趣，主动钻研，有强烈的求知、求深的欲望和行动，在工作中就会主动增强自己的知识储备，充分发挥自己的潜能，并从中找到快乐。

当今社会，轰轰烈烈干大事、创大业者不乏其人，而能把普通工作当事业来干的人却是凤毛麟角。

有这样一则小故事：

在一次同学聚会上，小张和小王这两个同窗好友聚在一起诉说毕业以后各自的生活经历。

小张首先说起了自己这几年来的经历："当初从学校毕业出来，找工作很难，将就着去了一家自己也不大满意的公司上班。我对那份工作实在没兴趣，没多久，就换了一份工作，发现还是不感兴趣，只好又辞职，如今还在到处寻找，想找份自己满意的工作好难呀！"小张的脸上布满了抱怨的神色。"这些年你过得怎样，老同学？"

小王也讲起了自己这些年来的经历："跟你一样，毕业时我也是好不容易找了一份工作，我也不喜欢，但工作难找呀，只好硬着头皮干下去。后来，我就想，既然别人能好好地干下去，我为什么就不能好好地干下去呢？我在心里暗暗地发誓，要么不干，要干一定要干出点成绩来。一段时间后，我发现自己并不讨厌这份工作，反而越来越喜欢了，我终于从工作中找到了自己的人生价值。半年后，我被提升为部门主管。现在我们公司从三年前的一家中型企业发展成为一家大型集团公司了，而我也成为集团公司下属一家分公司的经理。这些年来的工作体会，让我明白了一个道理，只有把工作当做事业来做，把企业当做家业来对待，才会获得我们个人的成功。"

听完小王的讲述，小张觉得自己对工作的认识太肤浅了，原来所有的问题并不是工作本身的问题，而是自己对工作的态度问题。工作还是那个工作，人还是那个人，关键是你对待工作的态度——是否把工作当成事业来做的态度。

在很多人的眼里，工作就是一个谋生的工具，企业就是一个谋利的平台。这样的心态在部分人看来无可厚非。但是，如果我们要想比别人获得更多，就一定要比别人做出更好的业绩。因此，优秀的人总是和一般人不一样，他们不仅把工作看成收入的来源，更懂得把职业当事业来经营，他们不仅把企业看成一个发挥自我能力的舞台，更把企业当成自己的家一样，热爱它、呵护它。

当你把工作当成自己的事业来做的时候，你不会把加班当成一种负担；

当你把工作当成自己的事业来做的时候，你不会把责任推卸给他人；

当你把工作当成自己的事业来做的时候，你不会每天早晨迟到；

当你把工作当成自己的事业来做的时候，你不会和同事因一点利益斤斤计较；

当你把工作当成自己的事业来做的时候，你会发现前途一片光明。

阅读思考：

（1）你是一个把自己所从事的职业当成事业来做的人吗？

（2）为什么那些把本职工作当成事业来做的人更容易获得成功？

（3）文中的小张和小王为什么会有如此大的差别？在你的身边，是不是也有这两种人存在？

第二章

对工作的态度，决定
未来的高度

1

有什么样的态度，就有什么样的人生

态度与结果的关系是每个人都要思考的重要问题。有什么样的态度，就有什么样的人生，因为态度是决定一个人能否发挥自己主观能动性的关键因素。

在各方面条件一样的情况下，有什么样的态度，会直接影响一个人的前程。而小何的故事，正好验证了态度这两个字的力量。

小何是一位颇有才华和抱负的年轻人，但是对待工作总是显得漫不经心。有朋友曾经就此问题和他交谈过，他的回答是："这又不是我的公司，我没有必要为老板拼命。如果是我自己的公司，我相信自己会像老板一样夜以继日地工作，甚至会比他做得更好。"

一年后，他告诉这位朋友他已经离开了原来的公司，自己独立创业，开办了一家事务所。"我会很用心地做好它，因为它是我自己的。"小何信心满满地说道。

朋友对他表示祝贺，同时也提醒他注意，对未来可能遭遇的挫折要做好心理准备。

半年以后，朋友又一次得到了小何的消息，他告诉朋友，自己一个月前关闭了公司，重新去为别人工作，因为"太麻烦，太复杂，根本不适合自己的个性"。

这种结果在意料之中，如果一个人在工作时缺乏积极进取的态度，这种习气必将影响他日后的工作，无论他从事哪种行业，或自己做老板，或在职场打工，这种态度都会对工作造成不好的影响。成功取决于积极的态度，而积极的态度也是长期努力积累的过程。

工作态度的转变，往往会带来不可估量的力量。态度决定你是否能虚心、积极地学习，决定你是否勇于挑战，决定你是否能勤于思考，决定你是否乐于磨炼自己，从而也决定了你未来的工作能力和提升的空间与速度。

如果我们正身处逆境，那么我们所能做的就是反思自己不利的处境，及时总结自己的缺点与不足，采取措施，努力改变自己的命运。

小曾是一个很普通的销售员，业绩平平，不怎么受公司器重。有一天晚上，他想到当初和自己一起进公司的三位同事现在都业绩突出，工作蒸蒸日上，心里不由得黯然神伤：为什么这么多年，自己一直没有什么进步呢？

小曾不断思考，终于悟出了症结所在——不能做自己的主人，特别是在对待工作的态度上，总是极不自信、不思进取、妄自菲薄、得过且过。

当天晚上，小曾毫不留情地进行了深刻的自我检讨。当他总结完自己的缺点与不足后，随即痛下决心：自此以后，再也不会有自己不如别人的想法，绝不自己看轻自己，一定要做自己的主人，克服自己的缺点，完善自我。这时，他仿佛有了一种脱胎换骨般的感觉，并满怀着对未来成功的喜悦。

第二天，小曾精神饱满地投入到工作中，当天的工作效率就得到了大大的提高。在接下来的两年里，小曾用良好的工作态度和突出的工作能力赢得了大家的信任和好感。每个人都认为他是一个乐观、积极、热情、负责任的人。随着自己业绩越来越好，小曾已经荣升为总经理，并且薪水也大大提高了。

从小曾身上，我们认识到，态度决定结果。只有发现自己的不足并努力改进，才能在事业中不断前进，实现自己的梦想。

有研究表明，在决定一个人能否成功的主要因素中，80%属于个人自我取向的"态度"类因素，如积极、努力、信心、决心、恒心、雄心、爱心、意志力等；13%属于自我修炼的"技巧"类因素，如各种能力；7%属于运气、机遇、环境、时间、天赋、背景等所谓的"客观"因素。

能否具备技巧取决于我们的态度，因为技巧根源于态度。

能否驾驭客观因素，还是取决于我们的态度，因为它根源于我们对待客观因素的态度以及把握客观因素的技巧，而"技巧"已被证明属于"态度"。

成功是因为态度，有什么样的态度，就有什么样的人生！决定一个人前途的并不是工作岗位，而是对待工作的态度。让我们时刻谨记：是态度左右着我们的行为，而行为决定着我们的未来。

阅读思考：

（1）为什么说有什么样的态度，就有什么样的人生呢？

（2）你对工作的态度是积极向上的吗？

（3）文中小曾的故事给我们带来了哪些启示？

②

端正态度，为自己的未来打拼

　　许多人总是会抱怨："为老板打工真是太累了，毫无乐趣可言。"这种说法大错特错，因为你不是在为别人工作！其实，每个人正在做的工作都是在为自己的成功铺路搭桥。即使在平凡的职业中，在不起眼的位置上，也蕴藏着极大的机会。只有珍惜自己的工作，比别人更专注、更正确、更完美、更有效率，才能引起大家的关注，从而使自己有发挥更多本领的机会。而如果看不起自己的工作，得过且过是很难走向成功的。

　　工作能带给你各种回报，不光能让你获得满足物质生活所需的薪水，还能让你享受到工作带来的精神上的乐趣和成就感。

　　阿明工作一年多了，他经常向朋友抱怨："工作太无趣了，我的工资还和一年前一样，老板好像根本没看见我，总有一天我要走人！"

　　朋友问："这一年多来，你在公司学了多少东西？公司的核心技术和业务知识你了解多少？"

　　阿明说："不是很了解。"

　　朋友说："那我认为你还是好好学习一下这些知识再辞职，你是做技术的，等学了这些知识再走人，岂不是又有收获又解气？"

　　阿明听了朋友的话，开始为自己学习，认真钻研技术，有时候别人下班了，他还在研究某个技术问题应该怎么解决。

　　一年后，朋友问阿明："你现在应该学了很多东西，可以辞职了吧？"

　　阿明说："我现在没有这个打算了，我发现最近几个月，老板很重视我，总是给我一些重要的任务，还给我升职加薪了。"

　　朋友高兴地说："太棒了，我想你终于明白了一个道理：只有抱着

'为自己工作'的心态，才能心平气和地将手中的事情做好，最终获得丰厚的报酬，赢得老板的重用，实现自己的价值。"听了朋友的话，阿明恍然大悟。

有付出才有收获，这是自然规律。当你从一个初出茅庐的新手成长为一个熟练的、高效的员工时，你实际上已经从工作中获益很多。

在工作的第一年，阿明把工作看成是为老板打工的苦差事，完全体会不到任何快乐。工作第二年的时候，他面对同样的工作、同样的老板，态度却发生了转变。无论干什么，他都想着"工作是为了自己"，这才体会到了工作的快乐，老板的重视和职位的晋升也就随之而来了。阿明能得到这些，主要得益于"工作是为了自己的未来"的工作态度。

工作能够丰富我们的经验，增长我们的智慧，激发我们的潜能，这些都是让你终身受益的财富，它比金钱重要万倍，既不会遗失也不会被花光。所以，认真工作是提高自己能力的最佳方法，是在为自己积累资本。只要你把工作当做难得的学习机会，不断从中学习处理业务和人际交往的经验，就可以获得很多知识，还能为以后的工作打下坚实的基础。

对员工来说，只有公司效益提高了，你的薪水才有可能提高，你的才能才有更广阔的空间得以发挥。如果想登上成功之梯的最高阶，你就必须端正态度，为自己的未来去工作和打拼。

有的员工，在工作上投机取巧，这样做也许只会给老板带来一点点的经济损失，但是却会逐渐毁掉自己的职业生涯。想想这两种结果孰重孰轻？所以，为自己的未来工作吧，你会发现自己将成为最大的赢家。

阅读思考：

（1）扪心自问，你觉得自己是在为老板打工，还是在为自己的未来工作呢？

（2）在你身边，是否也有像曾经的阿明那样做事不用心、敷衍了事的人存在？他们在单位的境况如何？

③

不可以选择工作内容，但是可以选择工作态度

在职场中，我们会遇到自己愿意并喜欢做的工作，那时候我们就会很兴奋、很快乐；但是也有很多时候我们遇到的工作自己并不是很喜欢，并且工作本身对于我们自身而言，也有相当大的难度，这会让我们很无奈、很痛苦。

在不能选择工作内容的情况下，我们应客观地对待自己的工作。当遇到自己喜欢且容易的工作时，我们不能沾沾自喜；当遇到麻烦的工作时，我们也不能痛苦不堪。这个时候最重要的是要调整好心态，不要抱怨，而是选择心平气和地接受并开心地工作。

如果一个员工对自己的工作充满了抱怨、抵触，是无法做好工作的，还可能在关键时刻给公司造成很大的麻烦，甚至带来巨大的损失。

小李大学毕业后就进入一家著名公司，却没想到被安排到车间做质检工作。车间的工作很脏、很累、很不体面。干了几天，小李就开始抱怨："让我干这种工作，真是大材小用！""真累呀，我简直讨厌死这份工作了！"没过多久，小李开始终日懒散、懈怠工作，每天都在抱怨和不满的情绪中度过。

3个月后，跟小李同时进入公司的同学被提拔到了管理岗位，小李得知后大惑不解，又开始抱怨："老板为什么不重视我？我什么时候才能脱掉这身脏脏的工作服？"后来他工作起来更加消极，一开始偷懒还躲着主管，到后来竟然当着主管的面开起了小差。

一天，公司接到了一份很大的订单，只有开足马力、加班加点才能完成。为了万无一失，公司要求质检人员对这批产品进行严格细致的检查。

小李却敷衍了事，留下了隐患。客户收到货后，对一些产品的质量非常不满，公司为此遭受了严重的信誉损失。小李却抱怨说："都是人手不够惹的祸，谁也无能为力。"

年底公司裁员，小李被裁掉了。临走的时候，小李还在抱怨："为什么倒霉的总是我。"

他希望能得到同事们的同情，但是谁也不屑搭理他。

一个人如果整天带着抱怨的心情工作，不但工作效率低下难有成就，还会影响自己的身体健康。长此以往，吹毛求疵、抱怨和牢骚的恶习，会将他的才华和智慧悉数吞噬，使其根本无法独立工作，最后成为没有任何价值的员工。因此，一个人一旦被抱怨束缚，应付工作，不尽心尽力，那他在任何单位里都是自毁前程。让我们来看看一位成功人士自述的经历：

50年前，我开始踏入社会谋生，在一家五金店找到了一份工作，薪水仅仅可以勉强糊口。有一天，一位顾客买了一大批货物，有铲子、钳子、马鞍、盘子、水桶、箩筐等。这位顾客过几天就要结婚了，提前购买一些生活和劳动用具是当地的一种习俗。货物堆放在独轮车上，装了满满一车，骡子拉起来也有些吃力。送货并非我的职责，而完全是出于自愿——我为自己能运送如此沉重的货物而感到自豪。

一开始一切都很顺利，但是，一不小心车轮陷进了一个不深不浅的泥潭里，使尽吃奶的劲儿都推不动。一位心地善良的商人驾着马车路过，用他的马拖起我的独轮车和货物，并且帮我将货物送到顾客家里。在向顾客交付货物时，我仔细清点货物的数目，一直到很晚才推着空车艰难地返回商店。我为自己的所作所为感到高兴，但是，老板却并没有因我的额外工作而称赞我。

第二天，那位商人将我叫去，告诉我说，他发现我工作态度非常积极，尤其注意到我卸货时清点物品数目的细心和专注。因此，他愿意为我提供一个职位，薪水是我现在工作的好几倍。我接受了这份工作，并且从此走上了致富之路。

把每一件简单的事做好就是不简单；把每一件平凡的事做好就是不平凡。要想把简单平凡的事情做好，关键在于拥有正确的工作态度。你在工作中所持的态度，使你与周围的人区别开来。日出日落、朝朝暮暮，它们或者使你的思想更开阔，或者使其更狭隘，或者使你的工作变得更加高尚，或者变得更加低俗。

积极向上的人会认为每一件事情对人生都具有十分深刻的意义。泥瓦匠能在砖块和砂浆之中看到正在崛起的大楼；图书管理员在整理书籍的过程中可以感受到自己为他人提供服务的价值；教师在教书育人的过程中，能体会到身上所肩负的责任和使命。

每一件事都值得我们去做。不要小看自己所做的每一件事，即便是最普通的事，也应该全力以赴、尽职尽责地去完成。一步一个脚印地向上攀登，便不会轻易跌落。通过工作获得真正的力量的秘诀就蕴藏在其中。

阅读思考：

（1）面对工作中的困难，你是抵触抱怨，还是心平气和地努力完成任务？

（2）你是否能做到重视自己的每一份工作，尽职尽责做好每件事情？

④

成功的人做事都积极主动

成功的人与不成功的人最大的区别就是成功的人做事都积极主动，而那些不成功的人做事则大多消极被动。

主动是一种积极的人生态度，代表自身的一种创造力。主动的人能接触到更多信息和资源，这能增加处事的灵活性、多样性，对成功地完成工作大有帮助。

主动是一种精神，反映在人的思维、行动以及整体的气质、面貌上，它可以拓展人的思维，更大程度上促进人的潜能开发。不像消极的人，什么都是被动接受进行的，那种被外物牵着鼻子走的生活方式会消灭人的意志，抑制人的能力的发挥。

只有积极主动地工作，才能获得自己希望得到的东西。在有助于成功的所有因素中，主动的工作总是最有成效的。在工作中养成主动的习惯，把主动的意识融入到骨子里，时刻做一个积极主动的人，这是在竞争中战胜他人的一种素质。

吉姆是一家超市新近招聘来的包装工，工作简单，看不出有什么前景。如果要遣散什么人的话，他大概就是第一个被考虑的对象了。但是，意料不到的是，吉姆很快成了老板眼中有价值的员工。

首先，他告诉载货部门的主管："如果你们需要帮忙，在我没事的时候可以来找我，我也可以多了解一下你们部门工作的情形。"然后，他就在做好自己的分内工作后，去那里帮忙做些分外工作。

之后，他跟畜产部门经理说："我希望有空时来这里帮忙，了解你们工作的一些过程。"一阵子之后，他又分别到烘焙、安全、管理、清洁甚至信用部门帮忙。

3个月后，吉姆几乎在公司所有部门都游走过了，一旦某部门有人要请假，自然而然地想到请吉姆去顶替。

几个月以后，恰逢经济不景气，老板只好请一些人走。有些人认为吉姆这类人肯定要被裁掉，可是吉姆却被老板留了下来。一年以后，超市生意好转，有个经理的职位空缺，老板又毫不犹豫地想到了吉姆。

在公司里，那些主动请缨、排除万难、为公司创造业绩的员工才是公司最需要的人才。他们与那些必须在公司的规章制度督促下，才有可能把事情办成的被动者相比，有着天壤之别。

一个积极主动的员工，不仅会认真做好本职工作，也会去接受额外的工作，更主动地为企业服务。因为额外的工作对企业来说往往是紧急而重要的。所以除了努力做好本职工作以外，你还可以去做一些额外的事情，这样你才能时刻保持斗志，才能在工作中不断地锻炼、充实自己，才能吸引别人的注意，才能有更好的发展机会。

迈克在一家著名的IT公司担任技术支持工程师一职。工作2年后，年仅24岁的他被提拔为公司历史上最年轻的中层经理，后来他更因在技术支持部门出色的表现而调去美国总部任高级财务分析师。

初进这家公司时，迈克只是技术支持中心的一名普通工程师，但他非常想干好这份工作。当时，公司的经理们考核员工依据的是记录在公司报表系统上的成绩单，成绩单月末才能看到。于是他想：如果可以每天得到成绩单的报表，经理岂不是可以更好地调配和督促员工？而员工岂不是可以更快地得到提点和进步？与此同时，他还了解到现行的月报表系统有一些缺陷。

迈克觉得自己有必要设计一个有快速反应能力的报表系统。他花了一个周末的时间写了一个具有他所期望的基础功能的报表小程序。

一个月后，迈克设计出基于Web内部网页上的报表，投入使用后效果很好，马上取代了原来从美国照搬过来的Excel报表。通过在工作上的出色表现，公司总裁看到了他的一些潜质，认为他可以从更高的管理角度思考问题。

一年以后，总裁亲自给了迈克一个重要的升迁机会，让他担任公司在整个亚洲市场的技术支持总监。

迈克是在没有任何人要求的情况下主动改进工作的，他的工作给公司工作效率带来巨大提升，创造了有目共睹的骄人业绩，远远超越了老板的期待。基于此，他在公司中平步青云。

在企业里，很多员工常常要等上司或老板吩咐做什么事、怎么做之后，才开始工作。这样的员工主观能动性差，不仅做不好工作，而且也难以获得老板的认同。

积极主动地去做需要做的事，往往会提升一个人的执行力和执行效果。一名积极主动的员工，应该时刻记住这样一点：你每天都和几百万人竞争，所以要不断提升自己的价值，并且善于从变化中学到新本领。否则，你就没有机会提升自己，你将会是一名普通的职员，跳不出命运安排给你的轨道。

那些整天抱怨工作的人是不可能积极主动的。一个主动工作的员工，对于工作的责任和意义有深刻的理解，并随时准备展示自己的全部才华，因此，他们总是能够从工作中得到更多的回报。

积极主动不是一句口号，而是要充分发挥主观能动性，在接受工作任务后，应尽一切努力、想尽一切办法把工作做好。有了积极的主动性，就会有能动性、创造性，就能将"不可能"变成"可能"。

阅读思考：

（1）扪心自问，你为公司主动做了多少事情？

（2）你会去接受额外的工作，更主动地为企业服务吗？

（3）想一想，为什么积极主动地工作能让自己收获更多？

5

重视工作中的每一件小事

天下大事必做于细，要想把每件事情做到无懈可击，就必须从小事做起，付出你的热情和努力。

为什么要从小事开始做起呢？因为每个人所做的工作都是由一件件小事构成的。如果你在小事上都不能胜任，何谈在大事上大显身手呢？没有做好小事的态度和能力，做好大事只会成为"无本之木，无源之水"。可以这么说，平时的每一件小事其实就像是一个房子的地基，如果没有地基，想象中美丽的房子，只会是"空中楼阁"，根本无法变为"实物"。

我们再仔细想想，士兵每天做的工作就是列队训练、战术操练、巡逻排查、擦拭枪械等小事；饭店服务员每天的工作就是对顾客微笑、回答顾客的问题、整理清扫房间、细心服务等小事；在企业中或许你每天所做的就是接听电话、整理文件、绘制图表之类的小事。但是，如果能很好地完成这些小事，没准儿将来你就可能是军队中的将军、饭店的经理、公司的老板，而如果你对此感到乏味厌倦，始终提不起精神，或者因此敷衍应付差事，将一切都推到"做大事不拘小节"的借口上，那么你现在的位置也会岌岌可危。

有一位姑娘，从小就向往做记者的工作。大学毕业后，她去一家新闻单位，还真的被录取了。但由于没有记者的空缺，领导叫她暂时打杂，主要是为同事和来客泡泡茶。她虽然有点儿失望，但想到将来有做记者的机会，于是就静下心来，每天为同事沏茶倒水。

三个月过去后，还没有记者的空缺，姑娘有点沉不住气了，心里面暗生抱怨。结果，她泡出来的茶，味道一天不如一天，但她并未察觉。

有一天，她泡一杯茶端给领导，领导喝上一口，就批评开了，生气地说："这茶是怎么泡的，难喝得要命！大学毕业连泡杯茶都不会？"姑娘气坏了，几乎哭起来，准备当场辞职。

恰在这时候，公司来了一位重要访客，必须好好招待。她想，反正要离开了，就好好泡一壶茶吧！于是，她把心里的不愉快暂时抛开，认真地泡好茶，把茶端进去。当她转身刚要离开时，听到客人由衷地赞叹："哇！这茶泡得真不错！"那位生她气的领导喝了一口后，也情不自禁地夸赞道："这茶真的还不错！"

姑娘呆住了。她突然发现，只是小小的一杯茶而已，竟然造成那么大的差异，或挨骂，或被赞美，截然不同。这茶里显然有很深奥的学问，值得好好研究。从此以后，她不但对水温、茶叶、茶量都悉心琢磨，就连同事的喜好、心情，也细心地体会，甚至对自己泡茶时的心理状态会带来的结果也了如指掌。

慢慢地，她成为公司的最敬业员工，几年后，她被提升为经理。

茶道是人道，同时也是做事之道。悟透了茶道，就一定能参透工作之道。因为茶道中对每一个细节的关注和严格要求，和做好小事所彰显出来的精神，达到了高度一致！

在日常工作中，我们经常面对的都是看似琐碎、简单的事情，但是千万不能小看自己所做的每一件事，即便是最普通的事，也应该全力以赴、尽职尽责地去完成。只有把小事做好，才能对做大事有成功的把握。

有许多成功的范例，都是由现实生活中的一些小事所触发的灵感引起的。只要你留心生活，善于观察，勤于思考，一点小事就可能将你引上成功之路。

一位年轻人在一家石油公司里谋到一份差事，主要任务是检查盛石油的油罐盖焊接好没有。这是公司里最简单最枯燥的工作，凡是有抱负的人都不愿意干这件事。

这位年轻人也觉得，天天研究一个个铁盖子太没意思了。他找到主管，要求换一份工作。可是主管说："不行，别的工作你干不好。"年轻人只好回到焊接机旁，继续检查那些油罐上的焊接点，既然好工作轮不到自己，那就先把这份枯燥无味的工作做好吧！于是，年轻人静下心来，仔细观察油罐焊接的全过程。

他发现，每焊接好一个石油罐盖，需要用39滴焊接剂，为什么一定要用39滴呢？少用一滴行不行？在这位年轻人以前，已经有许多人干过这份工作，但从来没有人想到过这个问题，这个年轻人不但想了，而且进行了认真细致的实验。结果发现，焊接好一个石油罐盖只需38滴焊接剂就足够了。

年轻人在最没有机会施展才华的工作上找到了用武之地。他非常兴奋，立刻为节省一滴焊接剂而开始努力工作。现有的自动焊接机，是为每罐消耗39滴焊接剂专门设计的。用现有的焊接机，根本无法实现每罐减少1滴焊接剂的目标。年轻人决定自行研制新的焊接机，经过无数次尝试，38滴型焊接机终于被他研制成功了。使用这种新型焊接机，每焊接一个罐盖可节省1滴焊接剂。积少成多，一年下来，这位年轻人竟为公司节省开支约5万美元。

这位年轻人就是世界石油大王：洛克菲勒。曾经有人问他："成功的秘诀是什么？"他说："重视每一件小事，点滴汇成大海。"

我们普通人，在大多数的日子里，很显然都是在做一些小事，然而决定成败的关键就在这些小事上，一个人不怕没能力，也不怕没机遇，怕就怕连小事也做不好、做不到位。

有很多人不屑于做具体的小事，总盲目地相信"天将降大任于斯人也"。殊不知，能把自己所在岗位的每一件小事做成功、做到位，就很不简单了。

每一件事都值得我们去做，而且应该用心去做。千万不能小看自己所做的每一件事，即便是最普通的事，也应该认真踏实、尽职尽责地去完成。

阅读思考：

（1）为什么要重视工作中的每一件小事呢？

（2）想一想，一个员工如果不重视工作中某些看似琐碎的小事，那将会给单位带来什么影响？

（3）你是重视小事，关注细节的人吗？

6

工作应当全力以赴

在这个世界上，就做事态度来说，存在着三种人：一种是试试看的人，一种是尽力而为的人，最后一种人是全力以赴的人。全力以赴意味着不惜一切代价，不达目的誓不罢休；全力以赴意味着要比别人付出更多的努力和艰辛。成功只偏爱全力以赴的人，正如卡耐基所说："要想获得成功，仅仅尽力而为还不够，必须全力以赴。"

做事就要全力以赴，把它做到最好！这是一个优秀员工做事的基本行为准则。身在职场，不论做任何工作，必须竭尽全力，全身心地投入，这种精神的有无，直接决定一个人日后事业上的成功或失败。对工作全身心投入，就是一种忘我的境界，而唯有进入这种境界，你才能比其他人收获更多。

工作中，任何问题都有很好的解决办法，任何事情我们都能把它做得更好。只是看我们用尽力而为的工作态度还是全力以赴的工作态度而已！

用尽力而为的态度做事的人碰到问题会退缩，会抱怨，会把问题丢给上司和别人处理；用全力以赴的态度做事的人碰到问题会主动寻找问题的解决方法，主动寻找解决问题所需的资源，把困难很好地解决掉，把工作圆满地完成。

胡明是某公司生产部新进来的一名生产助理。他的上司车间主管给他安排的工作，他完成得总是令人不太满意。每次询问他的时候，他总是会说：我已经尽力而为了！

公司董事长在听说这件事情后，决定找胡明谈谈。找到他的时候，董事长没有责备他，而只是给他讲了一个寓言故事：

有一年冬天，猎人带着猎狗去打猎。猎人一枪击中了一只兔子的后腿，受伤的兔子拼命地逃生，猎狗在猎人的指示下飞奔去追赶兔子。可是追了一阵子，兔子却跑得越来越远。猎狗知道追不上了，只好悻悻地回到猎人身边。

猎人气急败坏地骂道："你真没用，连一只受伤的兔子都追不到！"

猎狗听了很不服气地辩解道："我已经尽力而为了！"

兔子带着枪伤成功地逃生回家后，兄弟们都围过来惊讶地问它："你拖着受伤的腿，是怎么逃过猎狗追捕的呢？"

兔子回答："猎狗追我，是为了一餐饭在工作，因此他只是做到尽力而为；而我是为了逃命在奔跑，我必须全力以赴。所以我赢了。"

这就是"尽力而为"和"全力以赴"之间巨大的差别。

聪明的胡明听完老板这个故事后开始反思自己的工作态度。从那以后，上司给他安排的工作他都完成得相当不错，也多次受到上司的表扬。同时，再也没有听到他说"尽力而为"这四个字了！

人本来是有很多潜能的，但是我们往往会对自己或对别人说："管它呢，我已经尽力而为了。"事实上尽力而为是远远不够的，尤其是现在这个竞争激烈的年代。我们要常常这样问自己，我今天是尽力而为的"猎狗"，还是全力以赴的"兔子"呢？这值得我们每一个人深思。

对待工作，不同的人有不同的态度，可以是尽力而为，也可以是全力以赴。做任何事都要尽力而为，听起来是一句很上进的话，但这就够了吗？我们要想取得成功，创造奇迹，仅仅做到尽力而为还远远不够，必须做到全力以赴才行。

职场上，很多人失败的原因是没有百分之百地下定决心、全力以赴。我们时常听到有人说："对，我要达成目标！"然后呢？行动时却心不在焉。任何事情没有全力以赴去做，其效果永远是不理想的。

无论什么工作，都要全力以赴地做好。只要目标确定下来，就必须坚决完成，拒绝退缩的理由，不能为完不成任务找任何借口。

子敏在一家大型建筑公司任设计师，常常要跑工地、看现场，还要为不同的老板修改工程细节，异常辛苦，但她仍竭尽全力去做，毫无怨言。

虽然她是设计部唯一的女性，但她从不因此逃避强体力的工作。该爬楼梯就爬楼梯，该到野外就勇往直前，该去地下车库也是二话不说。她从不感到委屈，反而挺自豪。

有一次，老板安排她为一个客户做一个可行性的设计方案，时间只有三天。这是一件原本难以做好的事情。接到任务后，子敏看完现场，就开始工作了。三天时间里，她都在一种异常兴奋的状态下度过。她食不甘味，寝不安枕，满脑子都想着如何把这个方案弄好，她到处查资料，虚心向别人请教。三天后，她带着布满血丝的眼睛把设计方案交给了老板，得到了老板的肯定。因做事积极主动、工作认真，现在子敏已是公司的精英了。

后来，老板告诉她："我知道给你的时间很紧，但我们必须尽快把设计方案做出来。如果当初你为自己找借口，不主动去完成这个工作，我可能会把你辞掉，但你表现得非常出色。我最欣赏你这种全力以赴去把事情做好的人！"

不要以为把工作尽力完成就足够了，实际上还有更大的空间和潜力：你完全可以干得更出色。戴尔·卡耐基说过："要想获得成功，仅仅尽力而为还不够，必须全力以赴。"

做一件事情，一旦我们全力以赴，事情肯定会做成。一个人全力以赴的时候，产生的力量是不一样的。全力以赴的时候，就不会想到失败、就不会去找种种借口；而失败、找种种借口的时候，一定没有全力以赴。

无论做什么事，必须竭尽全力。因为它决定一个人日后事业上的成败。一个人一旦领悟了全力以赴地工作能消除工作辛劳这一秘诀，他就掌握了打开成功之门的钥匙。

阅读思考：

（1）为什么全力以赴的人比尽力而为的人更容易获得成功？

（2）你对自己的工作做到全力以赴了吗？

第三章

提升自己的能力，为自己未来的发展铺路

①

在工作中不断学习，提升自己的工作能力

有人说，21世纪是一个高科技的时代。也有人说，21世纪是一个知识型经济的时代。但不管怎么说，21世纪始终是个不断学习的时代。

当今世界的知识有两大特点：一是积累多，知识量大，多得叫人眼花缭乱，目不暇接；二是增长快，发展快，使人才资本的折旧速度大为加快。

西方白领阶层目前流行这样一条知识折旧定律："一年不学习，你所拥有的全部知识就会折旧80%。今天不懂的东西，到明天早晨就过时了。现在有关这个世界的绝大多数观念，也许在不到两年的时间里，就会成为永远的过去。"

知识老化的速度如此之快，每10年甚至更短的时间内知识就要更新一番，这使得每个人都不能仅仅依赖过去所学的知识，而要不断地学习。

人的核心竞争力源于创新能力，创新能力来自不断地学习。因而，学习能力是一个优秀员工必备的素质，也是一个员工让自己成为企业发展动力的有效途径。

学习能力远比其他能力更为重要。一个现时有能力的人，不管他是博士、硕士，还是高级工程师，如果不注重学习，就会落后，变成一个"能力平平"的人；而一个暂时能力不是很强的人，只要坚持学习、善于学习，一定会成为一个能力出众的人。

只有不断学习的人，才能在竞争激烈的社会中立于不败之地，才能更好地完成本职工作，为企业的发展贡献更大的力量！

不断学习，提高自己的工作能力

现实生活中，有些人往往非常看重薪水和工作环境，很少有人把学习技术、提升自己的能力摆在第一位，却总是抱怨公司、老板对自己不够重视。你不养成学习的习惯，不提高自己的工作能力，老板怎么会青睐你呢？

公司是根据你的业绩来支付工资的，如果你对待遇不满意，那只能说明你的实力还不够强。实力到了，工资自然也就上去了；实力不到，抱怨也是徒然的！与其临渊羡鱼，不如退而结网；与其抱怨工资低，不如通过学习来提升自己的能力为自己加薪。下面这个故事就能很好地说明这个问题：

日本"经营之神"松下幸之助年轻时在一家电器店当学徒，跟他一同进入这家电器店的还有两名学徒。起初，他们三人的薪水很低，那两名学徒因此常常心生不满，做事也不认真，工作日渐马虎起来。

松下跟他们不一样，他觉得既然来到电器店，就应该好好珍惜这难得的学习机会。为了早日掌握各种电器的使用及要领，他每天都比别人晚下班，利用这些时间阅读各种电子产品的说明书。此外他还利用空闲时间参加了电器修理培训班，想通过努力学习让自己成为这方面的行家。虽然他的两个同事因此总是嘲笑他，却丝毫没有动摇他的决心。

工夫不负有心人，通过不懈的努力，松下从一个学徒变成了一个能够给顾客讲解各种电器知识的专家，并且还可以自己动手修理与设计电器。店主很欣赏松下的这种学习精神，于是非常器重他，不久便将他由一个学徒工转为正式员工，并且将店里的很多事情交给他处理，这大大地锻炼了松下的能力，为他以后的创业打下了良好的基础。而他那两个不求进步的同事最后的结果可想而知，当然是一辈子默默无闻。

一个愿意通过学习来提升自己能力的人，最终会获得职位上的升迁和事业上的成功。

学习是不断提高自己的阶梯，只有通过学习才能更好地为企业服务。学习的目的不是为了追求高学历，而是不断地提高自己的能力，包括为企业服务的能力。机会属于那些有准备的人，而准备的过程就是努力学习的过程，不要老是抱怨没有机会，不要老是抱怨没有伯乐，只要用心学习，不懈努力，就能提高自己的工作能力，成为企业的栋梁之才。

未来的竞争就是学习能力的竞争

企业要在竞争激烈、技术进步一日千里的知识经济时代生存与发展，必须不断学习，顺应形势变化。

1983年，壳牌石油公司的一项调查表明：1970年名列《财富》杂志"世界500家大企业"排行榜的公司，有1/3已经销声匿迹。大部分公司失败的原因在于缺乏学习能力，使公司被一种看不见的巨大力量侵蚀，甚至吞没了。

据统计，从1918年到1988年的70年间，美国的百强企业只有39家依然"健在"；仍能上榜的只有18家；经营状况好的只有寥寥3家。

美国《财富》杂志指出："未来最成功的公司，将是那些基于学习型组织的公司。"学习型组织是企业未来发展的趋势，一个企业只有当它是学习型组织的时候，才能保证有源源不断的创新出现，才能具备快速应变市场的能力，才能充分发挥员工人力资本和知识资本的作用，才能实现企业满意、顾客满意、员工满意、投资者和社会满意的最终目标。未来成功的企业必然是学习型的企业。

现代企业之间的竞争已经演变成为学习能力的竞争。产品的推陈出新、技术的改进、成本的降低，归根结底都有赖于学习。一家企业，全体员工都具有不断学习的能力，企业的核心竞争力才会得到有效的提升。

壳牌石油公司的企划主任德格说过："唯一持久的竞争优势，就是具备比你的竞争对手学习得更快的能力。"

在竞争日趋激烈的今天，职场人面临着社会、技术高速发展和高频变革的挑战，面临着更新观念和提高技能的挑战，因此就要建立终生学习的目标。

2006年，两个年轻的大学生同时应聘到一家公司，一个是名牌大学毕业的高才生小王，另一个是普通大学毕业的小赵，因为都是刚刚参加工作，没有什么经验，所以，公司安排他们从基层干起，尽管他们担任的职位差不多，但起薪有所不同，高才生小王的工资自然要高一些。高才生到底是高才生，小王在大学期间储备了丰富的知识，对于自己的工作任务能轻松自如地应对，非常自信的他，甚至有点瞧不起小赵的笨头笨脑。颇有自知之明的小赵，知道自己的学历有点浅，知识面没有小王宽，为了缩小差距，他经常利用空闲时间努力学习，碰到不明白的地方，就硬着头皮向自负的小王请教。

虚心好学的小赵，在工作上也经常向同事们请教，还时常征求领导的看法，以便在工作中能及时发现问题，纠正错误。通过旁人的指点，在工作和学习中还能少走弯路。

有一次，晚上10点了，老板正要离开办公室，看到小赵还在电脑旁忙碌，便催小赵下班。小赵告诉老板，他觉得自己的业务能力很一般，想对业务更精通些，便每天晚上在网站上查找些学习资料，提高自己的业务水平。老板点了点头，给他推荐了两个不错的专业网站，就离开了公司。

通过小赵的不断努力，不知不觉中，他和小王的工作能力便旗鼓相当了。一年以后，这两个年轻人的工作能力又有了新的差距：小王和刚入公司相比并没有太大提高，倒是小赵，在原有的基础上前进了一大步，公司交给他的任务不仅完成得又快又好，还能在工作中提出很多完善管理、创造效益的好点子。他的业绩大大超过了小王，而且还被提升为部门组长，当然薪水也要高于小王。

作为老板，谁都会提拔那些有上进心，并且能为公司做出重大贡献的人。事实就是这样，不是小王的业绩不好，而是小赵的业绩更出色。名牌大学的背景并不能让人进步，持续学习才是走向成功的关键。可能小王还在想着自己辉煌的过去，而小赵正悄声无息地学习，赶超同龄人。现实就是这样残酷，如果原地不动，你就会被数以万计的人超过。

现在是一个知识爆炸的年代，知识的更新周期越来越短，在学校里学到的一些知识很快就会老化，所以，要想在职场上占有一席之地，就只有学习、学习、再学习。未来的竞争是学习能力的竞争，所以，不管你是从哪所著名的高等学府出来的，都要不断学习，想凭着在学校里所学的知识一劳永逸是不可能的。就像小赵，虽然不是名牌大学毕业，但学习能力比小王强，最终他的竞争力也要强于小王。

要想保持在职场的竞争力，唯一的途径就是保持旺盛的学习能力。不断地充实与自己职业相关的专业知识和能力，提升自己在此领域的不可替代性。

做学习型员工，不断掌握新知识、新技能

学习是我们发展的基础，因为只有不断地学习，掌握新知识、新技能，我们的视野才会更开阔，思路才会更清晰，才能紧跟时代发展的脚步，成为企业发展的动力。

在企业里，无论你从事的是何种岗位，都有义务在自己的岗位上，体现出最大的价值，所以我们要不断地完善自己的专业技能并不断地进行业务创新。如今的事物发展之迅速，是我们始料不及的，这就要求每个员工都有与时俱进的思想，不断地接受新鲜事物，更好地充实自己。若一味地固守已有的知识，到最后只能被时间所淘汰，被社会所抛弃，也不可能有更好的创新，更谈不上为企业为自己带来更多的发展。

新知识、新技能是把握未来的金钥匙。作为一个员工，你已经掌握了工作所需的一切知识和技能了吗？即使你今天可以胜任工作，并保持工作高效率，那么明天呢？明天你是否掌握了能推动公司不断向前发展的知识和技能？

当今时代，知识更新越来越快，唯有不断学习新的知识和技能，充实并提高自己的能力和水平，才能适应实际工作的需要。

20世纪70年代，世界发生了石油危机，许多美国汽车经销商不再经销美国底特律出产的各型汽车，转而代理丰田、本田和马自达等品牌的日本汽车。因为日本产的汽车体积小又节油，很受人们的欢迎。

卡特在一家汽车经销店专门推销克莱斯勒汽车，对这种牌子的车的各种性能了如指掌。当老板决定改销丰田汽车时，他很不以为然，这种排斥心理影响了他的表现，所以他既不愿意了解这些汽车的有关知识，也不愿意想办法推销这些汽车。当顾客向他咨询时，他根本就回答不出来这些汽车的优点在哪里，缺点在什么地方等一些基本的常识，还总是不耐烦地说："这种车跟过去我们所销售的大不相同，如果你想买就买，不买就不买，不要勉强。"他这么一说，试想有几位顾客会买他的车呢？他的业绩又能好到哪里去呢？

汉姆也是一名汽车销售员。当日本汽车风靡美国时，他利用业余时间，请教丰田汽车的业务代表，努力了解有关新车的种种知识，觉得日本的汽车确实有着不可比拟的优越性，于是他极力劝说老板改销日本汽车，他对自己所在的公司经销日本汽车很有信心，认为这一举措也会给市场带来很大的震撼，由于他的积极推销和乐观的态度，汉姆的销售业绩是公司最好的。

从上面的案例中，我们知道，卡特因为不学习，成了企业发展的消极因素；而汉姆通过不断的学习，成为了企业发展的动力。

社会经济发展迅速，科学技术日新月异，各行各业对人才素质的要求更新更全面。只有不断学习新知识，努力掌握多种技能，才能获得更多的机遇，才能为企业的发展贡献力量。

阅读思考：

（1）为什么说"未来的竞争就是学习能力的竞争"？请结合实际，谈谈你的感想。

（2）是什么导致了卡特和汉姆两人的差距？他们的故事能给我们带来什么启示？

（3）工作和学习有着什么样的联系？你善于在工作中学习吗？你打算如何在工作中不断学习，不断提升自己的工作能力？

②

学以致用，把知识转化为解决实际问题的能力

作为企业的员工，必须要有工作能力，而能力是要靠知识来武装的。英国著名哲学家培根说过："知识就是力量。"其实知识本身并不具有力量，只有当知识化为明确的目标和具体的行动时，也就是说把知识转化为职业能力时，才会对人们起到一定的作用，才会增强我们解决实际问题的本领。

尽管我们的员工都已懂得了知识的重要性，然而却有许多人学习动力不足，缺乏将学到的知识转化为解决实际问题的能力。

某企业招聘工人技师，一名本单位的员工决定去竞聘这个职位，为此他下了很大一番工夫，把那些有可能要考的深奥的理论背了个滚瓜烂熟，以95分的成绩顺利通过了文化理论考试。理论知识过关，这只是通往成功的第一步，还要进行另一轮的考试——现场操作考核，即在规定的时间内排除"故障"，也可以说是面试，可惜，这回他没考好，只得了60多分。他很沮丧，明明自己把那些现场排除故障的操作要领背得滚瓜烂熟，怎么在实际操作中就用不上了呢？看来自己是没有学到点子上。

虽然他的理论成绩很好，企业还是没有招聘他。倒是理论成绩比他差，而操作成绩比他好得多的人被聘上了。按理论和操作两门的总分数来说，他甚至还要高于那个被聘上的人。

他有点不服，对负责考核的人说："我的总成绩是最好的，为什么不聘用我，而聘用比我总分还低的人呢？"

负责人是这样解释的："我们需要的是具有实际操作技能的人，要的是有绝技、有绝活的能工巧匠，能现场解决实际问题的技师，而不是一个

只会背书的人。"

小说家柯南·道尔笔下的大侦探福尔摩斯曾说过这样一段话："我的知识就像我酒柜里的酒，虽然不是很多，也不是很名贵，但我知道它在哪里，需要用时就能拿出来。而不像有的人，虽然酒柜很大，酒很多，但杂乱无章，需要用时不知拿什么。"

这实际上说明了一个道理：拥有知识并不等于拥有能力。福尔摩斯虽然没有多么渊博的知识和高深的学问，但他善于把知识转化为能力，善于动脑子，善于推理和联想，因而破获了许多别人破获不了的案子。而有的人虽然学富五车，但他掌握的只是书本上的知识，在实践中却不知如何运用。这样的人，知识再多又有什么用呢？

英国过去有个名叫亚克敏的人，除了读遍家中七万多册藏书外，还博览群书，见书就读，可以说是一个很有学问的人。尽管他读了那么多的书，可是，他只为读而读，一辈子也没写过一篇文章，没有对社会做过任何贡献，是一个典型的读死书的呆子。

学习是一个长期的修炼过程。一个人如果像亚克敏那样对待读书，不学以致用，不善于把学到的知识运用到实际工作中、落实在行动上，即使是"学富五车、才高八斗"也不能说达到了学习的最终目的，也是毫无意义的。

因为从书本上学到再多的知识，如果不把它转化成为工作的能力，不转化为物质的财富，那知识也就失去了它应有的价值。

在职场也是如此，作为一名员工，不管你拥有多么渊博的知识，如果不知道学以致用，只是纸上谈兵，是不会取得任何成就的。

集琦生化公司总经理郭正在致全体员工的一封信中着重提到了"把握规律、以能致用"。他说："在这个竞争激烈的社会里，一个人是否有竞争力，是以他的工作能力为衡量标准的，而不是以学历、文凭或职称为衡量标准的，人才竞争最终体现为工作能力的竞争，有能力的员工才会被提升。世界万物中都存在着自然规律，会学习的人，有学习意识的人就会懂得举一反三，学以致用，快速提高工作技能和水平，为企业做出更大的贡献。企业永远为那些会学习、懂利用，为企业创造利润和价值的员工提供晋升空间。"

王灵是一所普通大学的学生，学的是计算机专业。毕业前夕，在亲戚的帮助下，进入某大城市的一家科研单位实习。

刚去时，人生地不熟，他只好看着别人做，显得有点无聊，领导看他闲着也是闲着，便交给他一份资料，说："实习期间完成就行了。到时给你个实习鉴定。"

接过那摞资料翻了翻，王灵二话没说，就在电脑上忙活起来。几天以后，他把结果交给了领导。

领导当时有点不大相信，仔细地看了看那些资料才确信，王灵做得非常完美，暗暗地对这个学生有点刮目相看了，便想再试试他的才干，于是，又陆续交给他几项任务，并且规定的时间也很少，而这一切都没有难倒王灵，他居然都提前完成了。

实习结束后王灵回到学校。当别人都在为毕业找工作而忙着四处求职时，他实习过的那个单位，却来到学校，点名要跟他签约。

有人问这家科研单位的领导："那么多重点大学毕业的本科生、研究生你不要，却要一个普通的大学生，是不是他家有特别的关系，走后门进来的？"

领导很正经也很严肃地说："这一点我可以完全肯定，他不是走后门进来的，是他确实有能力，能做成事。"

事实证明，王灵确实是一个有能力的人。以往由人工做的事，由于繁琐、计算等方面很复杂，容易出误差，而且又费时费力，而王灵凭着他过硬的计算机技术，不仅减轻了部门工作量，节省了人手，还大大提高了工作效率。

后来，单位的上级部门听说他很有才能，便借调他去帮忙，结果，这个部门以前的报表都是最后上交，并且还要返工，但这次却是第一个送上去的，并成为少数几个一次通过的报表。上级部门的领导非常看好他，便点名要他留在那里工作，虽然下属单位有点不舍，但还是不得不放。

当别人正在为保饭碗而时时担心下岗失业时，王灵却作为人才、作为宝贝，被单位挣来抢去，凭的是什么，凭的是他的能力。也许有人认为，王灵运气好，碰见了幸运女神，同样是学计算机专业，同样是一个学校、一个班级出来的，没有几个人能有王灵这般幸运，但不知说这种话的人想过没有，他的幸运是偶然吗？王灵这样的人就算没进入这家科研单位，在别处就职，也一样会发光的，因为他的幸运归结于他能把所学的知识转化为能力。

所以，不要埋怨自己不够幸运，如果你也能把所学的知识转化为能力，就会成为职场宠儿。

在我们的成长过程中，我们每个人都需要不断地学习、积累和掌握新知识，并把学到的知识转化为工作能力。无论是管理者还是员工，在掌握知识的前提下，学以致用，才能为企业发展提供强有力的保障。

阅读思考：

（1）你记住大侦探福尔摩斯所说的那段话了吗？这段话给你带来了哪些启示？

（2）自问一下，你是亚克敏式的人物吗？这样的人会受到企业欢迎吗？

（3）你是一个学以致用，善于将知识转化为解决实际问题能力的人吗？

③

掌握过硬的工作技能，让自己的未来走得更远

在当今职场中，你想拥有高过别人的能力，让自己更具竞争力，从而成为最有价值的员工，你就必须做到：以专业为导向，具备又精又专的工作技能。

余世维博士曾说："公司的每个岗位都有对员工能力和技术方面的要求，也就是专业化的工作技能。具备了这样的工作技能，员工做起事来才够职业化。也只有职业化的员工，才能将任务执行到位。"

联想集团高级副总裁、联想神州数码总裁郭为在谈到一个最受企业欢迎的人应该具备什么样的素质时指出："对于任何一家企业而言，所雇用的员工一定要为其所用，一个优秀员工应该具有很好的专业技能素质，专业技能要过硬。"

中国有句俗话："家有百万，不如一技在身。"在任何时候，过硬的技术或专业都是你立身企业的最重要资本。

一个优秀员工除了具有一般员工的基本素质和职业道德外，最大的特点就是具有一门过硬的专业技能，可以在专业技术上独当一面。这样的人才对企业的价值，就个人而言，体现了"敬业和精业"；但从整体上看，则反映了一个企业的技术实力和专业特长。

专业技能过硬是一个优秀员工必备的素质，无论你从事什么工作，没有过硬的专业技能，其他条件再优越也不能委以重任。

1923年，美国福特汽车公司一台大功率电机发生了故障，公司里的工程师查不出电机的故障原因，只好把斯坦因门茨请来。斯坦因门茨原是德国的电机专家，流落到美国后，一家小工厂的老板看重他的才能雇用

了他。

福特公司把斯坦因门茨请来后，他来到电机房，听了听电机运行的声音，要来一架梯子，爬上爬下了几个回合，最后在电机的一个部位上用粉笔划了一条线，说："把划线里面的线圈减去16圈。"按照他的方法，减去了16圈线圈后，这台电机真的恢复了正常运转。

事后，斯坦因门茨要求福特公司付费1万美元，亨利·福特觉得这个价格偏高，说："不就是划了一条线吗？能值这么多钱吗？"

斯坦因门茨幽默地笑了笑说："用粉笔划线只值1美元，但知道在哪里划线值9999美元。"

亨利·福特听了，觉得非常有理，心悦诚服地付了费。

后来，亨利·福特非常欣赏他的才能，想把他挖到福特公司来。

斯坦因门茨却说："我现在的老板对我很好，我不能见利忘义而跳槽到福特公司来。"

亨利·福特马上说："这个好办，我把你供职的公司一起买过来，你就成了我们公司的一员了。"

福特为了得到一个专业技能过硬的人才竟不惜买下一个公司。从这个故事我们可以悟出这样的真理：无论从事什么职业，都应该精通它，使自己成为职业领域内的专家。

《工人日报》曾报道过一个精通业务，主动解决问题的能手：

重庆煤炭集团永荣电厂的罗国洲，是一名有着30年工龄的锅炉技师，是国内远近闻名的"锅炉点火大王"和锅炉"找漏高手"。在这个平凡的岗位上，他练就了不平凡的技能，让作为普通工人的他获得了巨大的成就感和自豪感。

人们都说罗国洲有一副听漏的"神耳"，只要他围着锅炉转上一圈，就能从锅炉内各种复杂的声音中，准确地听出锅炉受热面哪个部位的管子有泄漏声；只要他往表盘前一坐，就能在各种参数的细微变化中，准确判断出哪个部位有泄漏点。

不仅找漏是他的绝活，锅炉点火、锅炉燃烧调整也是他的绝活。在用火、压火、配风、启停等多方面，他都有独到见解。比如，锅炉飞灰回燃不畅，他提出的技术改造实施后，为企业年节约资金32万元；针对锅炉传统运行除灰方式存在的问题，罗国洲提出"恒料层"运行，经实施，每年为企业节约200多万元。

在这个极其普通平凡的岗位上，罗国洲是如何练就这些过人的本领呢？他的同事这样评价他的工作：刚进入这一行时，学历不高的罗国洲，跟其他工人一样没有任何专业技能。但罗国洲善于思考，喜欢动手，遇到问题不会推诿给老同事或有经验的同事，而是自己想办法解决，一天不行，两天，哪怕是不休息，也要把问题解决了。同事们在工作中碰到的许多问题，即便不关他的事，他也要去帮着想办法。一年一年过去了，他在实践中积累了不少经验，掌握了许多老工人都不懂的技术诀窍，渐渐成了一个解决问题的能手。

罗国洲在谈到自己的心得时说："干工作就应该干一行，爱一行，精一行。即使在很平凡的岗位，只要永远鄙视平庸，只要努力，就一定会有收获。"

当今世界，科学技术突飞猛进，企业处理大量事务离不开员工自身的专业知识和技术。作为企业的一名员工，贡献给企业的应该是他的专长。只要你拥有了"一技之长"，拥有了自己的"绝活"，就拥有了核心竞争力。

在知识经济时代，只有具备一定的专业技术水平的员工才有可能胜任现代企业的各项工作，才有可能被委以更重要的工作任务，才有可能为企业的发展做出更大的贡献。

掌握了过硬的工作技能，才会让自己和企业更有竞争力，才能让自己的未来走得更远。

阅读思考：

（1）福特为了得到一个专业技能过硬的人才竟不惜买下一个公司，看了这个故事，你受到了哪些启发？

（2）你已经成为自己职业领域内的专家了吗？如果还没有，你打算如何去努力？

④

提升沟通能力，让你的工作更顺畅

有这样一则寓言故事：

一把坚实的大锁挂在铁门上，一根铁棍费了九牛二虎之力，还是无法将它撬开。钥匙来了，它瘦小的身子钻进锁孔，只轻轻一转，那大锁就"啪"的一声打开了。

铁棍奇怪地问："为什么我费了那么大力气也打不开，而你却轻而易举地就把它打开了呢？"

钥匙说："因为我最了解它的心。"

你了解你身边人的心吗？你对自己周边的人有足够的影响力吗？知人知心的沟通能力，影响着你在职场的人缘好坏，也操纵着你职业生涯的兴衰，决定你会成功还是失败。

职场呼唤具有沟通能力的人才

什么样的大学生最受企业欢迎？在很多大学毕业生校企供需洽谈会上，不少企业透露，在专业成绩相近的条件下，会优先选择沟通能力较强的学生。有的企业直言不讳地说，对专业成绩要求不高，但沟通能力一定要过硬。

北京东方科技集团人事部的负责人说："我们认为，大学生最需要提高的能力是沟通能力。企业需要的是能够运用自己良好的沟通能力与企业内外有关人员接触，能够合作无间、同心同德、完成企业的使命和目的的人。"

现在，几乎在每一个招聘职位要求中，"善于沟通"都是必不可少的一条。沟通能力从来没有像现在这样成为人们成功的必要条件。

在一些知名企业对职场新人的要求中，"沟通能力"也是在最重要的衡量指标之列。大多数老板宁愿招一个能力平平但沟通能力出色的员工，也不愿招聘一个整日独来独往、我行我素的所谓英才。能否与同事、上司、客户顺畅地沟通，越来越成为企业招聘时注重的核心技能。

当文凭、履历相近时，沟通能力成了应聘者获取职位的一大法宝。

联想集团CEO杨元庆在接受《联想》杂志采访，被问及"什么样的员工是联想的好员工"时谈到，好员工应该有良好的沟通能力。

杨元庆说："在目前的组织架构下，公司不能够鼓励那种封闭的、只把自己工作做好的想法，也不能培养那样的人。公司一定是鼓励那种外向型、开放的人，为了核心的目标和自己的工作职责，不但会去多多地争取资源，也会把自己做的工作说出来，让自己被人认识。沟通的方式方法一定要掌握，沟通不仅仅是电话谈话、见面聊天；要学会书面表达、利用E-mail沟通，这些都是基本的、大家都要学会的工作方法。"

在职场中，一些员工缺乏沟通能力，不能很好地与老板、同事、客户进行沟通，以致自己的好主意、好建议以及自己的才华、能力得不到别人的理解和重视。有时，甚至因为不善于沟通而产生误解。

良好的沟通能力，会令老板觉得你有工作才能。特别是从事服务性行业的人，缺少沟通能力甚至都不符合工作要求。

人际关系与沟通能力有不可分割的关系。人与人之间有了沟通才能有良好的关系。因此，无论是员工与员工、员工与老板，还是员工与公司客户，都要有良好的沟通，这样才能办好事情。

"通天塔"为什么建不成

什么是沟通？沟通是实现我们的目标、满足我们的需要、实现我们的抱负的重要工具之一。不论沟通是否有效，沟通构成了我们日常生活的主要部分。

每个人每天时时刻刻都会遇到沟通问题。到单位见面打招呼是沟通，和朋友、客户相互发电子邮件、打电话、聊QQ是沟通，上下级、同事之间、部门与部门、公司与公司之间都离不开沟通。沟通成功和失败的原因是什么？很多时候人们做事情只注重事物的客观道理，往往容易忽视处理方法。人与人之间存在差异，大部分时候处于不同的沟通平台，如果每个人都想着自己的道理，按照自己习惯的方式与人沟通，往往会产生双方都不满意的结果。

《圣经·旧约》中讲了这样一个故事：

很久以前，人类的祖先最初讲的是同一种语言。他们在底格里斯河和幼发拉底河之间发现了一块异常肥沃的土地，于是就在那里定居下来，修起城池，建造起了繁华的巴比伦城。

后来，他们的日子越过越好，人们为自己的业绩感到骄傲，他们决定在巴比伦修一座通天的高塔，来传颂自己的赫赫威名，并作为集合全天下弟兄的标记，以免分散。

因为大家语言相通，同心协力，阶梯式的"通天塔"修建得非常顺利，很快就高耸入云。

浩大的工程惊动了上帝耶和华，他立即从天国下凡视察。上帝一看，又惊又怒，因为上帝是不允许凡人达到自己的高度的。他看到人们这样统一强大，心想，人们讲同样的语言，就能建起这样的巨塔，日后还有什么办不成的事情呢？于是，上帝决定让人世间的语言发生混乱，使人们互相言语不通。

人们各自讲起不同的语言，感情无法交流，思想很难统一，就难免出现互相猜疑，各执己见，争吵斗殴。这就是人类之间误解的开始。

修造工程因语言纷争而停止，人类合作的力量消失了，"通天塔"最终半途而废。

对一个企业来说，成员之间沟通的重要性是显而易见的，企业发展的整个过程必须依靠有效的沟通，可以说，没有顺畅的沟通，成员之间就很难形成合力，企业也很难顺利发展。

在职场中，许多误会、矛盾乃至冲突都源于人际沟通障碍。

为什么在日常工作中，许多人就某一问题进行探讨时，往往不是富有成效地交流，而是会出现互相谩骂，大声争吵，甚至更糟糕的情况呢？这是因为他们不是在讨论观点，而是简单地表达观点，含含糊糊，笼笼统统，还极力想影响他人，使其同意自己的看法。这就注定他们的沟通不会成功。而不能有效沟通，就无法明白和体会对方的意思，就难以把要做的事做得顺利圆满，工作上就会出现障碍。

有效沟通对职场中人至关重要。如果不能很好地沟通会对自己有非常大的影响。一家商务咨询公司的高级商务顾问说：对于一般职员来说，不会沟通，个人可能丧失职场竞争力，达不到想要达到的业绩或者目标。例如：在公司里，如果你没有良好的沟通容易引起误解，上司会对你不满。如果和客户不能良好沟通，很有可能影响业务，甚至丢失客户。如果你正处于职业生涯的上升状态，由于平时和同事之间的沟通不好造成人际关系不好，你有可能失去晋升的机会。

对于中高层的管理者来说，沟通不畅会使上级的指示不能很好地向下级传达，跨部门之间的沟通不理想可能会影响整个公司的进度，导致公司整体业绩的下滑。如果公司正处于调整变动时期，这时候如果不能和员工很好地沟通，有可能造成人心惶惶，公司人心不稳，人员流失，或者引起员工的不满情绪，大的公司甚至会给社会带来不良影响。

一个中高层管理者，几乎每时每刻都要面临沟通的问题，与客户、上司、同事、下属等，口头或书面交流几乎占据了他们的大部分工作时间。沟通技巧的高低往往决定了一名管理者职业生涯最终能达到的境界。更重要的是，商业社会的运转离不开有针对性的和高效率的沟通。企业对经济环境和竞争对手的了解、战略决策的制定执行、顾客满意度的提高都直接取决于沟通的质量。

一个人的成功，15%源自专业知识，85%靠的是人际沟通和综合素质；一个企业的成功，40%靠人才、资源、制度、组织、机会；60%靠企业内部沟通与对外沟通。工作、生活、社交需要沟通；对客户、上下级、同事、朋友、家人需要沟通；听取意见、传达命令、协调关系、推动工作、控制运作、变革企业……都需要沟通。

只有突破沟通的障碍，进行有效顺畅的沟通，凝聚全体成员的力量，才能倾力打造出企业的"通天塔"。

沟通的能力决定了一个人的成功与否，也决定了一个企业的成败与否。

沟通能让你获得成功

沟通并不是难事，只要掌握其技巧，就能让沟通成为你纵横职场的资本。

有一位企业家说，他在大学读书的时候就觉察到，如果这一生真要出人头地，一定要学会沟通。在工作、赚钱、事业发展方面，我们需要别人的支持、合作才会成功。怎样才能促成与他人由衷的合作呢？那就要依靠优秀的沟通能力了。

有一位财会专业的女大学生到一家公司应聘财会工作，财务经理对她不太满意，但人力资源经理还是给了她一次机会，安排她从事客服工作。结果，这位女大学生的表现令人很失望。她的性格过于内向，不喜欢沟通和交流，既不主动和同事打招呼，也不向师傅请教。很多时候，她即使不明白或者不清楚分配的任务也不会向上司发问，只按照自己的理解去做，结果总是与上司的要求相差甚远。有一次，因为不善于沟通，得罪了公司的一个重要客户，老板一气之下，只好让她走人。

一个不善沟通的员工，只能在工作中处处碰壁，既影响整个团队的实力，也破坏了团队的合作，老板自然不喜欢这样的员工。

职场中，不少人不善于沟通或者不屑于沟通。据统计，现代工作中的障碍50%以上都是由于沟通不到位而产生的，一个不善于沟通的员工是无法做好工作的。

职场离不开沟通。我们大多数时间都花在沟通上。给老板汇报工作，你就是在与老板沟通；与同事商讨某一件工作，你就是在与同事沟通；在电话里与客户交谈，你就是在同客户沟通……沟通可以说无处不在。熟练的沟通能力可以提高你的办事效率，增加成功的砝码，缺乏相应的沟通能力会注定你平平庸庸。

诺基亚公司董事长兼首席执行官沙玛·奥里拉在自己的管理箴言中这样写道："我觉得有两个技能是很重要的。一是沟通的能力，第二就是人才管理的能力。但没有好的沟通能力，一切都无从谈起。"

安东尼·罗宾也说过："沟通是一门艺术。你不拥有这项基本技巧就不可能获得事业上的成功。"

职场中的每一个人都必须突破沟通障碍，致力于建立正常的人际沟通，人际沟通解决好了，成功的机会也就会多起来。

很多时候，人与人之间的感情是通过接触和语言沟通才建立起来的。一个员工，只有主动跟老板作多方面的接触，让自己真实地展现在老板面前，才能令老板直观地认识到你的工作才能，才会有被提拔的机会。

陈好供职于一家大型广告公司，公司人才济济，陈好在这里没有特殊的优势。但他工作很踏实，不仅能像其他同事那样把老板交代的任务完成好，还喜欢琢磨本职以外的工作。

一天下班后同事都走了，他还在办公室继续工作，当老板下班经过他门口时，看到他还在便同他打招呼，聊天。在有关工作的话题中，陈好谈到了广告策划、内容制作以及经营等方面的想法，这引起了老板的关注。虽说下属中不乏人才，可在做完自己的工作之余还这么关心公司发展的人却很少见。渐渐地老板对陈好另眼相看，觉得陈好会是一个得力的助手，于是决定任命陈好做自己的助理。

陈好的晋升原因在于：他不是被动地接受上司交给的任务，而是在工作中与上司建立更多的沟通联系，让上司明白自己不仅能做好本职工作，还可以接受更多更重要的工作，具有一种领导的潜质。

懂得主动与老板沟通的员工，总能借沟通的渠道，更快更好地领会老板的意图，把自己的好主意、好建议潜移默化地变成老板的新思想，并把工作做得近乎完美，所以深得老板的器重。善于沟通可以在职场上助你一臂之力，反之则可能成为阻碍你的绊脚石。

"沟通无极限"，机遇和升迁都可以在沟通中"诞生"。所以，无论你的性格如何，都要学会沟通，善于沟通无疑也是一种能力，当你拥有卓越的沟通能力，就可以事半功倍，迅速地展示自己非凡的能力，为自己的成功打开胜利之门。

如何提升自己的沟通能力

沟通能力是一个优秀员工实力的重要表现，是员工做好工作的必要条件。在工作过程中，如果不与他人沟通，只是一味地自己蛮干，那么将很难把工作做好。首先，不和领导沟通就可能偏离执行目标，最终无法达到领导需要的工作结果，更谈不上工作到位。其次，不与同事沟通就很难发现工作中出现的问题，无法做出及时的调整和改正，也很难把工作做好。因此，学会沟通是保证工作做好的重要素质。想要在工作中实现有效沟通，需要注意以下几点：

（1）努力提升个人素质，做好和别人沟通的准备。

（2）加强和老板之间的沟通。如果缺乏沟通，就根本没有办法理解老板下达任务的确切意思；不了解任务的实质，也就不利于把工作做好。所以和老板进行有效沟通是做好工作的第一步。

（3）加强和同事沟通。一个任务下达后，自己和同事就是执行者，沟通不好就会产生误会，不利于执行到位。

（4）加强和其他部门的沟通。一个任务的执行不仅仅是一个人、一个部门的事情，在执行中通常是团队协作或者各部门联合完成的，沟通不恰当，就会造成团队矛盾、部门积怨等，最后延误执行或者致使执行不到位。

（5）加强与客户之间的沟通。与客户打交道可以说是工作中最重要的环节，直接决定着工作能不能做好，因此沟通在这里显得至关重要。

沟通的目的是为了更好地把工作做好。如果你善于沟通，乐于沟通，总有一天你会发现，自己的工作总是能最好、最快地完成。有效沟通是所有工作顺畅进行的基础。

阅读思考：

（1）为什么"善于沟通是做好工作的必要条件"？请结合工作实际，谈谈沟通与把工作做好的相互联系。

（2）你是一个善于沟通的人吗？在工作过程中，你是如何与你的上级和同事沟通的？

（3）扪心自问，执行任务时，你是主动沟通，还是一个人闷头执行？想一想，一个人闷头执行，会出现什么样的结果？

⑤

提升自己独当一面的能力，关键时刻有所作为

通常员工的工作很多，上司不可能事事过问。因为上司没有那么多的精力，他们需要在宏观上把握全局，而具体到每一部分工作时，都是由员工分工负责的。而这种工作的独立性使得你必须能独当一面才行。

一个员工要走向成功，就要有独当一面的能力。如果你没有这种能力，不仅不能让上司省心，反而可能会给公司带来包袱，老板肯定不会喜欢你的。所以，在工作中有独当一面的能力，才能让公司器重你，让别人佩服你。这也是你在公司立足和加薪晋职的必备素质。

企业呼唤能独当一面的人才

常说公司是一部大机器，员工在里面就是一颗螺丝钉，虽然不显眼，但却不可或缺。在某些企业里，员工真的就像是颗螺丝钉，你说他不可或缺，却也是可以轻易替换的。

相对来说，看重创意的、成长中的企业，对员工有更高的期望。螺丝钉型的员工（接受指令行事）在这种企业中是不受重用的。成长型企业希望员工能独当一面，每名员工均是能解决问题的独立个体、每名员工均要对公司的产品或服务贡献出他的价值。

现在企业选拔人才，都要求在专业上能独当一面、技术能力出众、能解决该专业技术问题、出色完成岗位职责规定的工作任务，并能成为专业技术的带头人。

一家公司的经理坦言："我在选人用人的时候，非常注重员工的才能与岗位要求是否吻合，也就是说，即便他很有才能，如果他不适应做该岗位的工作，我也会毫不犹豫地对他给予否定。到我们这里来工作的，上岗

后要能独当一面，岗位工作要能一肩挑。不能胜任本职工作，不能独当一面的员工我们不欢迎。"

李青到某公司工作已经8个月了，与她同时进公司的其他员工，在工作上都早已能独当一面了，唯独她还不能够胜任本职工作。工作中层出不穷地出现问题，而一出现问题，又总是束手无策，必须要依靠他人的帮助，要么喊老员工来，要么请主管来，甚至有时把一大堆的问题抛给别人，久而久之，她的所作所为让同事们颇有微词。同事们都不愿与她合作，就像一个未成年的孩子自己不能养活自己，必须得依赖家长一样，她在工作中的表现就是如此。凡是交代她的任务，总是吩咐又吩咐，督促又督促，否则，不是这里出了纰漏，就是那里不到位，事情在她手里十有八九要卡壳，这极大地影响了整个公司的工作进度。

公司领导认为，李青虽然干活比较笨，但工作态度还是认真的，于是决定给她一次提高技术水平的机会，让她脱产3个月去参加技术培训。李青也真是不争气，参加完3个月的技术培训，回到公司仍然不能胜任本职工作。公司领导对她彻底失望了，做出了1个月后与她终止劳动合同的决定。

在现代企业里做事，往往是一个萝卜一个坑。你必须熟悉你的工作，能够独当一面地处理事务。

员工工作有独立性才能让老板省心，老板才敢委以重任。合适地提出独立的见解、做事能独当一面、善于把同事和领导忽略的事情承担下来是一个好员工必备的素质。

好员工必须要有独当一面的能力

除却忠诚可靠，老板最需要的当然是员工独当一面的能力。因为社会赋予老板的不仅是财富和名望，更重要的是责任——发展集体事业的责任。所以，老板总希望下属能够独当一面，分担他的责任。

刘飞所在的公司，其产品已成为本行业中的知名品牌，然而随之而来的是，市场上出现了很多的假冒伪劣产品。那些伪劣产品引发的纠纷往往让公司背上很多黑锅，给公司造成了极坏的影响。为了消除这些因误会引起的纠纷，公司特意组织了一个班子，专门来处理这些危机事件。刘飞就是这个班子里的一员。

有一次，公司产品被一家电视台作为问题产品而曝光了，此时公司老总正在国外考察。刘飞在当天晚上的电视里看到这个错误的报道后，来不及向上请示，第二天一早就出面召开记者招待会予以澄清，并成为当天晚上许多电视新闻的头条。这种错误的事件越早澄清越好，不然，那些不好的影响一传十，十传百，就很难消除了。幸亏澄清得及时，刘飞所在的公司不但没有因为错误报道受到影响，反而因祸得福，成了媒体聚光的焦点，让媒体为他们做了一场正面的宣传。

由上述例子可知：公司员工拥有随机应变、独当一面的能力，在平时，可以改进公司的产品品质及服务，以适应市场的竞争；在公司危急时，员工拥有随机应变的能力可以扭转劣势，化危机为转机。难怪独当一面是老板最重视的特质之一。

一位能独当一面的好员工，不会让老板太操心，而不能独当一面的员工，只能使企业受到损失。

一家公司的总裁说："员工不能独当一面简直意味着灾难。试想，如果因为某个员工的不称职而失去了本可成功的生意，这简直是一粒老鼠屎坏了一锅汤。糟糕透了。"

一些管理者还谈到，好员工在本职岗位上工作出色并能独当一面，无须让人操太多心。在企业生产一线担任管理工作的王经理说了这样一个事例：某一天夜班，车间的一台设备出了些故障不能正常运转，这时维修工又碰巧请假。操作这台设备的员工，根据平时的了解观察以及对设备说明的琢磨学习，硬是把故障排除保证了正常的生产。王经理认为，优秀的生产一线员工就是除了会操作设备，还会试着去了解、排除设备的一般故障，真正做到在生产方面能独当一面。

总而言之，企业希望每一个员工都能胜任其职，如果你不能做到就须努力，要知道，安分守己工作已不再是好员工的唯一标准了。能独当一面的员工，能主动出击的员工，敢于拼搏的员工，愿意为企业多走一步的员工才是最受重用的人。

阅读思考：

（1）在公司里，你具有独当一面的能力吗？

（2）谈谈员工独当一面对公司、对老板的重要性，一个员工如何才能提升自己独当一面的能力。

第四章

员工要有好人品，
好人品成就好未来

①

忠诚+能力=卓越未来

在一项对世界知名企业的调查中，当问及"您认为员工应具备的品质是什么"时，他们几乎无一例外地选择了"忠诚"。

北京高校毕业生就业指导中心曾对150多家国有大中型企事业单位、民营及高新技术企业、三资企业的人力资源部门和部分高校进行了一项调查，结果显示：既有能力又有忠诚度的大学生最受用人单位的欢迎。

他们一致认为，宁可要一个对企业足够忠诚但能力差一点儿的员工，也不愿意要一个能力非凡但却朝三暮四的员工。

对于企业来说，它的发展和壮大都是靠员工的忠诚来维持和实现的。现在，在国内外管理界，大家一致认为：忠诚比能力更重要！

其实，联系目前的职场现状，很容易理解决策者们选择"忠诚度"的苦衷：有能力的人才易得，既有能力又有忠诚度的人才难求。

在教育蓬勃发展的今天，高学历的人才太多了，有才华有能力的人也很多，但有才华有能力又忠诚的人却不多。

在中国企业界，尤其是民营企业界，老板有一块由来已久的"心病"，那就是对"能人"想用又不敢用。用"能人"也有风险，忠诚则为老板创造巨额财富，不忠诚则给老板、给企业以沉重打击。

一个员工如果对公司缺乏忠诚，他在执行任务时，一遇到困难就会撂挑子，即使迫于领导督促和查核的压力，也会想方设法找借口推诿、拖延。更有甚者，在巨大利益的诱惑面前，会置公司的利益于不顾，出卖公司的机密。

在这处处充满竞争的社会里，有些公司为了达到战胜竞争对手的目的，往往会采用一些非常手段。比如，"挖墙脚"，不惜重金把对手的人才挖过来为己所用。那些被挖者往往掌握着公司的一些重大商业秘密，如果没有一定的职业道德水平，这种人很容易被竞争对手用金钱美色所收买。

这种挖墙脚的事，在这个商业社会还真不少。

有一家生产洗涤品的公司，因市场部经理被竞争对手重金收买而出卖公司的机密，结果导致公司一而再、再而三地出现被动局面，差点被市场淘汰。

我们都知道，如今的洗涤品市场新产品层出不穷，不看别的，我们看电视时，无论你换哪个频道，每隔一段时间就有一款洗涤品的广告插播；价格战也打得异常火热，大商场里，今天是这款洗涤品在促销，明天又是那款洗涤品在打折，竞争非常激烈，在市场达到一定饱和的状态下，只有走在市场的前面，才能抢占市场。

本来这家生产洗涤品的公司，其产品已占领了国内大部分的市场，可是好景不长，另一家实力相当，也是生产洗涤品的公司一直在跟它竞争。都说同行是冤家，此话确实不假，今天你搞促销买一送一，明天我来个五五折大优惠还带抽奖活动……

两家公司争来争去，彼此不分胜负。但在后来的几次竞争中，慢慢地这家公司处于下风了，因为不管这家公司做出何种策略，其一举一动对方都仿佛了如指掌，总是抢占了先机。

公司老总觉得蹊跷，便在暗中调查此事，没想到自己的公司出了个吃里爬外的家伙，不是别人，正是自己高薪聘请的市场部经理，将公司的商业信息泄露给了对手。

这种将自己的利益建立在牺牲公司利益之上的做法，于公是一种缺乏职业道德的作为，于私是一种出卖朋友的行为，一个对公司不忠诚，对朋友不忠诚的人，又有哪个公司敢重用呢？

这位市场部经理是一位很有能力的人，但他的背叛和出卖给企业造成了极其严重的损失。他因此而引起了业界的普遍注目，许多公司知道了这件事，将他列入绝不聘用的"黑名单"。

在这个任何人都愈来愈无法脱离组织和团队的社会里，一个丧失了忠诚美德的人，不仅丧失了做人的尊严，也丧失了机会，更丧失了安身立命的根本。即使那些从他身上获取了好处的人，也会鄙视他，对他敬而远之，最终抛弃他！

忠诚不仅是一种品德，更是一种能力，它是其他所有能力的统帅和核心，如果一个人缺乏忠诚，他的其他能力就会失去用武之地，自然谈不上能有所作为了！

对一个员工来说，忠诚和能力都是非常重要的，"忠诚胜于能力"但并不否定能力，忠诚是建立在能力也很突出的基础之上的。

从人的一生来看，忠诚胜于能力，要成就卓越的未来，除了提升能力之外，更需要修炼忠诚。

有一个公式：忠诚 + 能力 = 卓越未来。

一般人心目中的公式是：能力 = 未来。

两个公式的区别是很明显的。能力的确能够获取未来的生存条件，但不是卓越的未来。社会上90％的人是有能力的，但忠诚不突出，或者没有展示出自己的忠诚。这些人，能够获取基本的生存条件，少数人也能够获取比较好的生存条件，但要获得较大的成功可能性却很小。

卓越的人生有两个轮子：一个是能力，一个是忠诚，两个轮子共同支撑起卓越的未来。一个员工，除了要在自己的专业能力上下苦工夫外，最重要的还是对公司的忠诚度。试想，一个有能力但是忠诚度不够的人，又有谁会重用呢？

有一个实力强大的家族企业，老董事长年事已高，身体状况一天不如一天。为了使自己的家族和企业有一个放心的托付，他决定从两个儿子当中挑选一个作为自己的接班人。

大儿子叫能力，二儿子叫忠诚。有一天，他们被叫到父亲床前，父亲语重心长地对他们说："我已经老了，上帝在召唤我，可是为了家族和事业，我不得不停留。我将从你们两个之中选择一个人接替我。从今天起你们每人负责一个子公司，效益突出者就是我的接班人。"

大儿子能力寻思：父亲已经年迈了，等他老死后遗产一定会和忠诚平分，那样的话我能拿到多少呢？于是便把企业名下的很多资产转移成自己的私人财产，又巧用手段使自己负责的公司的净利润增加了。

二儿子忠诚也寻思着：父亲已经年迈了，我要把他的事业发展得更大，让父亲安心。于是，忠诚每天都很忙碌，把公司的资产清清楚楚做了核算，并撰写了详细的资产收益报告。在他的努力下，公司的净利润大幅增加。

一个月后，他们俩被叫到父亲床前，床边的椅子上坐着公司的首席律师。父亲说："我最后决定让我的二儿子忠诚继承财产和家业，大儿子能力营私舞弊，转移资产，我要没收其应得的家产。请律师帮忙作证和核实。"

大儿子能力一听瘫倒在椅子上。原来，两个儿子的公司里都安插了老董事长的观察员，他们的一举一动父亲都了如指掌。

最后老董事长选择了忠诚，抛弃了能力。能力也许是因为太有"能力"了，以至于到了弄巧成拙的地步。老董事长不能容忍自己的继承人对自己不忠的行为，所以"能力"犯了禁忌，最后失去了自己应该得到的东西，正所谓聪明反被聪明误。而忠诚不会这样，他忠于公司，并在忠心的支撑下把自己掌管的工作完成得让人满意，因而获得了巨大的回报。

大多数企业这样认为：一点点忠诚比一大堆智慧更有用。毕竟在人生事业中，需要用智慧来做出决策的大事很少，需要用行动来落实的小事却甚多。有忠诚度的员工，他们的聪明和智慧才能为企业所用，这样的员工才能让老板心里踏实。

对一个企业而言，难得的是既有能力又很忠诚的人。相比而言，员工的忠诚对于一个企业来说更为重要。忠诚的人无论能力大小，老板都会给予重用，这样的人，走到哪里都有大门向他们敞开。相反，即使能力再强，如果缺乏忠诚，也往往会被拒之门外。

今天，在中国，许多企业，并不缺少有能力的人，而那种既有能力又忠诚于企业的人，才是企业真正需要的理想人才。

阅读思考：

（1）你身边有出卖公司的人吗？你对这种人是怎么看的？当别人引诱你出卖公司机密时，你会怎么办？

（2）谈谈你对"忠诚+能力=卓越未来"的认识和理解。忠诚和能力哪个更重要？为什么？

（3）你对公司有足够的忠诚度吗？你从内心深处认同"自己是忠诚最大的受益者"的观点吗？结合本文谈谈感受。

②

敬业创造未来，乐业实现梦想

近代思想家梁启超在《敬业与乐业》一文中写道："敬业与乐业是人生的不二法门。"

所谓"敬业"，就是敬重并重视自己的工作，将工作当成用生命去做的事，并对此付出全身心的努力。敬业所表现出来的就是干一行爱一行、认真负责、一丝不苟的工作态度，即使付出再多的代价也心甘情愿，并能够克服各种困难，做到善始善终。

所谓"乐业"，是指真正喜爱和享受自己的工作，全身心地投入到自己的工作中，找出其中的快乐和意义。

敬业是一种美德，一种习惯，一种人生态度，是最基本的做人之道，也是成就事业的首要条件。

乐业，是一种激情，一种理想，一种人生境界，是最完美的做人之道，也是拓展事业的必要条件。

对一名员工而言，无论他的工作是什么，重要的是他是否做好了自己的工作。很明显，如果没有敬业精神，就难以把工作做好。一位知名企业家说："缺失了敬业精神，就意味着放弃了更好的生存机会，就等于在可以自由通行的路上自设路障，摔跤的也只能是自己。"

一个员工要想有所作为，要想创造一个美好的未来，首先需要一种敬业的工作态度。

我们一起来看下面这个故事：

小张、小王和小赵三人在一家广告公司做文案策划工作。

一天，公司接到一个业务，为某房地产公司策划一份楼盘广告文案，这项任务落到了小张、小王和小赵三人身上。接到任务，他们三人便马上开始搜集信息，以便获得最好的创意。

搜集信息是一项既繁琐又细碎的工作，要花大量的时间和精力才能做好，所以，在搜集信息的时候要格外用心。

这时，小张就有些不耐烦了，他抱着侥幸的心态，心想：这样苦苦搜集信息又有什么用处呢，就算我做得再好，那个房地产公司也不会给我任何好处，老板也不会多付我一份工资，我不如将现有的资料将就整理一下，随便做一份文案交差算了，好不好不关我的事，只要能交差就行。

这样一想，小张便松懈下来，最后草草地递上了一份楼盘广告文案。他的这份文案，完全是靠拼凑堆砌起来的，华而不实，更别说创意了。可想而知，这样写出来的文案只能是垃圾文案，让老板看了之后只有随手扔到废纸篓里。

小王跟小张一样，在搜集了几天的信息之后也感到无聊透顶，好在他这个人还有点责任心，他觉得既然拿了老板的工资，就要对得起自己的这份工资，所以，尽管挖空心思也没有想出来一个好创意，但他还是尽自己最大的努力，最终策划出了一份还算过得去的文案，虽然这个文案比较客观真实地反映出了那个楼盘的重要特点，但老板看过之后，似乎总觉得缺少点什么。

小赵从接受任务那天起，就在心中对自己提出了要求，一定要策划出一份富有创意的文案来。他觉得要做好一份地产文案，必须拒绝平庸，更忌讳抄袭，要有一定原创性。所以，当别人在整理一些过时的或不真实的信息时，他却在通过各种途径搜集有关这个楼盘的最新相关信息，他还花费了大量的时间做调查，跑图书馆查资料，向同事、朋友请教，终于获得了策划这一文案的灵感。工夫不负有心人，经过深度分析客户群和市场资料后，结合营销策略，策划出了一份富有创意，文字功底也强的精彩文案。

这份文案不仅得到了公司老板的首肯，房地产公司对这份文案也很满意，当即决定采用。

毫无疑问，小赵的这种不甘平庸、要做就要做好的工作态度，就是我们绝大多数从业者以及决策者都认同的敬业精神。有了这种敬业精神，没有完成不了的任务，也没有做不好的事情。

后来，应付工作的小张失业了，被动工作的小王虽说工作也努力，但其工作能力总是徘徊在中等水平，没有多大长进，虽然没有失业，但所得的薪水和福利待遇却一直平平，与小赵相比，有着天壤之别。小赵后来成了全市著名的策划人，为聘用他的公司创造了巨大的利润。

小赵的成就，与他的敬业精神分不开。

这个故事告诉我们，一个员工有没有敬业精神，其工作的效果和绩效是完全不同的。当一个员工有敬业精神时，才能把工作做到最好；而不敬业的人则是一个没有上进心的人，他以后要么像小张一样随时失业，要么像小王一样停滞不前。这个故事让我们深刻地认识到：只有选择敬业，才能成就未来。

敬业是一种态度，乐业则是一种境界。责任心强的人往往都很敬业，但乐业的人则是除了有强烈的责任感，还对自己所从事的职业充满了兴趣。敬业的人可能会感觉很累，而乐业的人则一定会从工作中找到快乐和成就感。

孔子曰："知之者不如好之者，好之者不如乐之者。"能敬业，才能乐业，能乐业才可能献身事业，成就事业。

香港长江实业有限公司创始人李嘉诚说过："敬业使一个人工作愉快，有活力。它使人乐于工作，尽力把工作做好，从而获得成功和喜悦。敬业的人一定乐业，乐业的人必然成功。"

玛丽曾经是华盛顿一所学校图书馆的管理员。时至今日，她仍然清晰地记得1965年发生的事情：

1965年，我在华盛顿一所学校的图书馆当管理员。有一天，一位负责教九岁儿童班的老师来找我，说她班上有个学生功课完成得比其他所有孩子都快，他想再找个活干，能否在图书馆里干点什么。当时图书馆正好缺一个图书分类清理的人手，于是我说："让他来吧。"过了一会儿，一个身材瘦小、沙色头发的男孩走进来了。他问道："你们有活儿让我干吗？"

我给他讲解有关杜威十进位制的图书分类上架法，他听后立刻心领神会。然后我又给他看一大摞过期借阅书卡，由于书卡登记有误，这些书找不着了。他饶有兴趣地看着这些书卡，然后问我："这是件侦探式的工作吗？"我笑着回答说："是。"话音刚落，他就立即精神抖擞地干了起来。不一会儿工夫，他就找出三本书卡登记有误的书。我看他干得满头大汗，就让他休息一下。可是他不肯休息，坚持要把活先干完。我对他说馆内空气不好，应该出去呼吸一下新鲜空气，他这才停下手头的工作。

第二天早晨，他来得更早，而且更不遗余力。干完一天的活后，他正式请求我让他担任图书管理员。我很痛快地答应了，因为他干起活来孜孜不倦。

几周以后，我发现办公桌上有张留言条，这个男孩邀请我到他家里吃晚饭。我应邀去了并且过得很愉快。临走时，他母亲说，他们全家要搬到附近的社区去住，孩子也得转学。孩子对此并不感到兴奋。他首先遗憾的是他不能再在原学校的图书馆里工作了，谁来找那些丢失的图书呢？

孩子要走了，我与他依依惜别。起先我认为他就是一个普普通通的孩子，可是他的那份工作热情使我觉得他非同寻常。

孩子走了之后，我很想念他。可是这种思念之情持续的时间并不长，因为几天之后，没想到他又回来了。他告诉我，新去的那所学校的图书馆管理员不让学生在图书馆帮忙干活儿。他高兴地说："妈妈又让我回原校念书了，爸爸上班路上叫我搭段车，要是他有事，我就走着来上学。"

我当时脑子里闪过一个念头：这孩子的决心和毅力如此之大，将来一定能干番事业。然而我没料到，他长大以后，竟成为一名信息时代的奇才、一位微型软件的巨头、一个世界首富。他的名字就是：比尔·盖茨。

很多人探究过比尔·盖茨成功的秘诀，都把它归结为非凡的天赋，然而玛丽认为，比尔·盖茨之所以能够获得成功，源于他从小培养起来的敬业和乐业精神，这才是比尔·盖茨获得成功的秘诀所在。

比尔·盖茨是个有"乐业"理念的人。现在，比尔·盖茨已经很有钱了，连续几年都是世界首富。但是他每天还要去工作，甚至比普通员工还要辛苦，为什么呢？因为他觉得，只有开发出更好的软件，让更多的人受益，他的工作才是有意义、有乐趣的。2008年6月27日，比尔·盖茨正式退休，他做出了惊人之举：将自己的580亿美元全部捐给比尔及梅琳达·盖茨基金会用作慈善事业！他新的"工作"就是用最能够产生正面影响的方法回馈社会。这难道不是最伟大的"乐业"吗？这种乐业的境界又有几人能及？

乐业是一种境界，上升到了这种境界的人，是快乐的、幸福的。乐业是职业的最高境界，到了这一境界，职业就成了事业，工作就成了一种乐趣，或是许多乐趣的源泉。乐业能改变人的命运，成就人的梦想。

不敬业的人是没有前途的，不乐业的人是难有事业的。在当今竞争激烈、优胜劣汰的环境下，不敬业、不乐业的人随时可能被淘汰出局。有了敬业乐业的观念，就会使你走上成功之路。

请记住李嘉诚说过的这句话："敬业的人一定乐业，乐业的人必然成功。"

阅读思考：

（1）为什么小张、小王和小赵在成就方面有如此大的差距？请结合实际谈谈敬业的重要性和必要性。

（2）看了文中的故事，你思考过敬业、乐业的受益者是谁吗？

（3）请结合比尔·盖茨的成功来阐释敬业和乐业对一个职业人的重要意义。

（4）"敬业的人一定乐业，乐业的人必然成功。"你记住李嘉诚说的这句话了吗？在工作中，你打算如何去践行这句话？

③

诚信是打开成功大门的金钥匙

诚信是什么？诚，即真诚、诚实；信，即守承诺、讲信用。诚信的基本含义是守诺、践约、无欺。

中国人自古就强调诚信。孔子在《论语·为政》篇中说："人而无信，不知其可也。"其意思就是说，"一个人如果不讲信用，不知道他怎么去做人立世。"

从古到今，大至一个民族，小到一个人，诚信都是立身之本。失去诚信，一切都无从谈起。

诚信是人们交往中能够履行约定而取得的信任。它是衡量一个人人格、品质的尺度。一个人信用度如何，影响到他在交际中的地位、形象和威望。一般说来，对惜守信用的人，人们会格外推崇、依赖和亲近；而对不守信用的人，则轻蔑、贬斥和远离。

微软公司副总裁李开复在一篇文章中谈到诚信对一个员工的重要性。

李开复曾面试过一位求职者。这个人在技术、管理方面都相当出色。但是，在谈论之余，他表示，如果李开复录用他，他甚至可以把在原来公司工作时的一项发明带过来。随后他似乎觉察到这样说有些不妥，特别声明：那些工作是他在下班之后做的，他的老板并不知道。这一番谈话之后，李开复就再也不肯录用他了。

事后李开复说："不论他的能力和工作水平怎样，我都不会录用他，这种人缺乏最起码的职业道德。如果雇用这种不讲信用的人，谁能保证他不会在这里工作一段时间后，把在这里的成果也当做所谓'业余之作'而变成向其他公司讨好的'贡品'呢？"

诚信是一个员工最起码的职业素养，是一个员工立身之本。没有诚信，就不可能有发展，也很难有所作为。一个人想有所作为，就要先从诚实守信做起。

人无信不立，假如你要成大事，就要做到诚挚待人，光明坦荡，宽人严己，严守信义。只有这样，才能赢得他人的信赖和支持，从而为事业发展打下良好的基础。

中国IT业有这样一个真实的故事，主人公为北大方正总裁黄斌：

1993年，黄斌在中关村与人合租了一个小门面攒机子（即攒电脑），那时他们的资金只有3000元，在这种环境下，他也算做起了自己的IT业。

谁也没想到，他的第一笔生意居然是一个20万元的单子——一个东北人来北京攒机子，听到黄斌的报价，发现价格比同类产品低得多，马上签了20万元的合同单，满意地离开。谁知签完单子，黄斌才发现自己把价报错了。这意味着，假如他继续做这笔买卖，将赔进去1万多元钱。要知道，他的家底只有3000元。

这时候，他很犹豫，因为放在面前的有三条路：第一条是守信誉，做一个诚信的人，继续把生意做完，就算赔掉了脑袋也要做；第二条是和对方讲明原因，请他把差价补上；第三条是把这笔单子推出去，就说做不了。

经过几天的思考，他再三权衡，最后决定走第一条路。

真是塞翁失马，焉知非福。那个东北人得知实情后非常感动，接着就把100万元的单子按市场报价给了他。而此时，中关村电脑配件价格和小孩子的脸一样变得很快，已经集体下调。可想而知，黄斌用自己的诚信赢得的岂止是几十万！他正是用这笔资金打开了市场，终于成了IT业的精英人物。

后来有人和他开玩笑，问他淘到的第一桶金赚了多少钱？他总是说："我没有赚，而是赔了1万多元，但是，我却淘到了一桶成色十足的金子，那就是诚信。"

成功的人，常有许多共同的优点，其中很显著的一点便是在任何时候都诚实守信，遵规守约。一个人能说会道固然重要，但更重要的是一诺千金，说到做到。

诚信是金，是企业的发展之基，也是员工的立身之本。诚信，是我们做人做事的第一原则。员工的诚信由员工的一言一行来体现，企业和组织的诚信则是通过每一位员工特别是组织管理者的诚信来实现。

现代公司对员工是否诚信相当重视。它要求公司的员工不论在企业内，还是在企业外，在与他人的交往中都要诚实守信。以每个员工的诚信换来公司的良好信誉。

员工的诚信之所以为企业和组织所看重，是因为个人的诚信直接影响到企业和组织的诚信。企业的诚信靠企业的管理制度、经济实力和领导者维持，更靠具有诚信品德的员工去实现。对一家企业而言，诚信是一个必须由全体员工共同参与的系统工程，没有诚信的员工，就不可能有诚信的企业。有时候，哪怕只有一个员工、甚至只是一次偶然的失信，都会给企业造成无法挽回的负面影响。

企业的诚信，不但要求企业从领导入手，从经营战略上入手，更要求我们广大员工人人参与，从一点一滴做起。对于一个企业来说，不是靠一两个人就能打造诚信，而是需要全体员工都能做到诚信，在本职工作中打造诚信。

"诚"字怎样写？海尔集团的领导者做了一个独到的解释：一个"言"字加一个成功的"成"字，就是"诚"，就是要让说出的承诺兑现，付诸实施，见到成效。

海尔集团的每个员工都把珍惜海尔的信誉放在第一位，然后落实到平日的一言一行之中。企业的良好信誉，就是靠这一点一滴积累起来的。

《海尔的故事与哲理》一书讲述了"秦冠胜夜走'泥丸'"的故事：

秦冠胜是海尔集团洗衣机公司驻昆明售后服务站员工。1997年7月18日清晨，天正下着滂沱大雨，秦冠胜接到一个电话，是云南昭通市洗衣机用户刘平章打来的，因洗衣机出了点故障，请他上门解决。事不宜迟，秦冠胜来不及犹豫，披上雨衣去了汽车站。

汽车在盘山公路上颠簸了将近16个小时，在距昭通市27公里处被山体滑坡造成的泥石流堵住了，也把唯一通往昭通市的交通线路阻断了，汽车只好调头原路返回昆明。

如果等到公路畅通以后再去的话，不知要等多久呢？不甘心就此打道回府的秦冠胜决定下车步行去昭通市。此时，已是深夜11点了，司机和同车的人劝他，一个人摸黑走夜路很危险，再急的事也要等到天亮再说。

但一想起自己对用户的承诺，秦冠胜毅然下了车，暗暗地下了决心，就是爬，也要按时赶到昭通市。

历尽千辛万苦，秦冠胜用了将近5个小时艰难到达昭通市时，已是第二天凌晨4点。考虑到用户此时正在休息，秦冠胜在传达室等到上午8时才登门去为用户服务。

当秦冠胜站在用户刘平章面前时，这位早上从广播中得知昭昆线发生山体滑坡导致交通中断的汉子感到十分意外，得知原委后，他紧紧地握住秦冠胜的手，感动不已。

能不感动吗？为了履行对用户的承诺，漆黑的夜里，一个人在泥泞的陌生山路上徒步走了5个小时，险些搭上了自己的生命，这得需要多大的勇气和信心呀，这样的诚心，难道还不能感动"上帝"吗？换作一般的人，可能早就跟着汽车返回了。

按常理遇到这种特殊情况，秦冠胜完全有充分的理由返回。但是，他认为信守自己的承诺就是信守公司的承诺，这关系到公司的声誉。所以他勇往直前，信守了自己的承诺。

用户对海尔的信任，是海尔人用自己的真诚和诚信换来的，它是谁也拿不走的宝贵财富，"真诚到永远"的海尔宗旨，就是通过上面这些事情深藏于用户心中的。

诚信是企业最大的无形资产，凡是有诚信的企业，人们都会相信它，正因为人们都会相信它，所以人们当然就会购买它的产品或者服务，因此，它的客户将是无穷无尽的。一个企业拥有了大量的客户，当然就会有大量的收益。企业的这种无形资产，在现实中往往表现为一种品牌。人们之所以一想到某个品牌就会购买它，就是因为人们认为这种品牌是非常讲求诚信的。可见，诚信支撑着企业的快速发展。任何一个企业要想快速发展，就必须亮出自己诚信的"名片"。

商业上需要讲诚信，只有讲诚信的商人才能有做不完的生意；生活中需要讲诚信，只有讲诚信才能让人信任，受人欢迎；职场上要讲诚信，只有讲诚信的员工才能永不失业，有一个好前程。诚信永远是一个人生活和事业的通行证，它代表了一种忠诚和正直的美德，是每一个人都应该具有的品质。将诚信当做自己工作和处世准绳的人，才能给自己的事业带来众多良好的发展机遇。

一个员工不守信，就不会得到老板的信任和重用；一家企业不守信，就失去了"上帝"；生意场上不守信，就失去了客户。做人，从诚信开始；做事，亦从诚信开始。

阅读思考：

（1）"言必信，行必果"，你是一个不折不扣地履行自己承诺的人吗？

（2）为什么说"人无信不立"？请结合身边的人和事谈谈自己的感受。

（3）守信有时候意味着吃亏，如果你是黄斌，你会选择怎么去做？为什么？

（4）如果你是秦冠胜，你也会像他一样全力以赴去完成任务吗？为什么？

④

带着爱心去工作，你会获得意外的收获

在这个世界上，最宝贵的东西就是爱心，它是一切美好事物的源头。

爱心就是关怀、给予、分享、牺牲。无私的奉献，必结出丰硕的成果。因为你的关怀付出使人们更有价值，人们也会给予你丰厚的回报。

人们总认为帮助别人只会让别人受益。其实，帮助别人也会让自己受益，因为"爱心会让一切奇迹发生"。

爱是生命的奇迹，爱是世界上最伟大的力量。生命就像一种回声，你送给它什么它就送回什么，你播种什么就收获什么，你给予什么就得到什么。"爱人者，人恒爱之。"帮助别人就是帮助自己。社会是一个互为依存的整体。生活的逻辑是：你向社会付出了爱心，你就会得到爱心的回报。

爱心的力量不可估量，它是一个人走向成功的内在动力。它不仅可以让你的心灵得到满足，更重要的是，你献出爱心的同时，他人也会记住你的爱心，在你需要帮助的时候，他们会真心实意地支持你。

2006年第11期《商业文化》杂志上有这样一个故事，也许会对我们有所启发：

一天下午，一个拄着拐杖的老人摇摇晃晃地走进了日本信业银行的旋转大门。他一身酒气，衣冠不整，跌跌撞撞地来到储蓄部，喊着要取现金5万日元。就在老人喉咙里发出"呃呃呃"的响声，大口吐出气味难闻的秽物时，储蓄部的职员雅子疾步趋前，扶着他到边上的沙发里坐稳。她从口袋里掏出一条手绢，轻拭老人的嘴角，抹去他西装胸前的污渍。随后，又端来一盘切削成小片的苹果，热情地说："先生，谢谢您的光临。请先尝尝水果,压压惊。"

　　老人一声不吭,一边不停地把小片的苹果放入口中,细细咀嚼,一边看着雅子清洗地面,更换地毯。一会儿,雅子给他送来一杯香气扑鼻的茉莉花茶。喝完茶,老人拿着手杖,颤颤巍巍地站起来,再也没有提取款的事,便径直朝大门而去。雅子赶过去扶着他,亲切道别。老人的酒意似乎尚未醒过来,自顾自地一走了之,连一声"谢谢"也没有说。

　　第二天下午,一位中年男子来到银行,要求见行长,有要事相商。半个小时后,他从贵宾接待室出来,立即找到雅子,为昨天老人在银行发生的事向她鞠躬致意,当面表示感谢。雅子连连还礼,说这是自己分内的事。

　　第三天,报纸上刊登的头条新闻引人注目:"举止怪异、深居简出的房地产巨贾山村是日本百大富商之一,昨天委派秘书从某家银行取兑几近天文数字的巨款,转存到信业银行。"

　　消息传出,轰动全城。日本信业银行储蓄额长年徘徊不前,无法与大银行抗衡,长期处于被吞并的危险之中。而现在,它在市民中的知名度直线上升,变得门庭若市,储户络绎不绝。1个月后,这家原来名不见经传的银行便跻身于大银行之列。雅子也因此获得了100万日元奖励,被提拔为副行长,月薪晋升三级。

　　这个故事启迪我们:就是因为雅子这种充满爱心、热情服务的高素质员工,使信业银行摆脱了困境,得到了更好的发展。表面看上去,一切都不费吹灰之力,其实这就是爱心蕴藏的力量,是爱心带来的意外收获。

　　真诚的爱心,是一种内在的精神品质,它深入人的内心,人品重于商品。一个成功的人,肯定有一颗尊重他人的爱心,他的爱心体现在每一个细小行为当中。

　　做人心须以爱人为先。以此推论,在单位和公司,假如你是领导,你得学会爱下属,才可能获得信任;你是销售员,你就要学会爱顾客,才能使产品辐射四方。所以,无论大到治国,还是小到办公司,都应秉持多付出一点爱心的原则,以爱人为先。

阅读思考：

（1）从本文的故事中，你认识到爱心与事业的关系了吗？今后你将如何在工作中将自己的爱心发扬光大？

（2）你是怎样理解"爱心是可以传递的"？你帮助别人，需要回报吗？

（3）如果人们都没有爱心，这个世界会成什么样子？如何培养自己的爱心？

⑤

谦虚的人才能在成功的路上走得更远

谦虚是一种美德，谦虚作为一种美好人格，在现今社会中已有极高的认同性。但在许多人的道德观念中，他们认为谦虚就是一种自我的压抑。在功成名就时，他们更喜欢个性的张扬，生怕让谦虚埋没了自己的智慧人生。其实不然，人生也如同稻穗一样，越是真正饱满的米粒头垂得就会越低。

谦虚是我们的传统美德，也是引导我们走向成功的大智慧。不论目标为何，想要追求成功，谦虚都是必要的特质。

历史上许多成功人物，都是因为谦虚而走向成功的：卡耐基、卡特、韦尔奇、马登……这些人中没有一位是靠着自己的吹嘘而功成名就的，他们无一不是自己事业虔诚的信徒，在工作中忘我地投入，在功劳与声誉面前多一分理智。正是这种谦逊的品质，让这些成功者赢得了人格上的尊重，事业上的成功。所以，谦逊是任何一个事业有成者必须具备的一种良好素养。

比尔·盖茨是个很谦虚的人，他在每次演讲结束后，都会请写演讲稿的人分析自己的演讲有哪些不对的地方，以便下次改进。比尔·盖茨的成功，与他的谦虚是分不开的。

很多年前，在 Windows 还不存在时，比尔·盖茨去请一位软件高手加盟微软，那位高手一直不予理睬。最后禁不住比尔·盖茨的"死缠烂打"同意见上一面，但一见面，就劈头盖脸讥笑说："我从没见过比微软做得更烂的操作系统。"

比尔·盖茨没有丝毫的恼怒，反而诚恳地说："正是因为我们做得不好，才请您加盟。"那位高手愣住了。盖茨的谦虚把高手拉进了微软的阵营，这位高手成为了 Windows 的负责人，开发出了世界上应用最普遍的操作系统。

具有谦虚的品格，对于我们来说，是完全必要的且是有相当好处的。

中国杂交水稻之父袁隆平从小就喜欢"研究"植物。后来，他为了培植优质水稻，常常深入到田间地头细心观察，遇到不懂的问题，就虚心向农民请教，经过努力，他终于培育出了优质高产的杂交水稻，解决了中国这个人口大国的吃饭问题。

在我国古代的传统美德故事中也不乏典范之例：周公言教身带论谦虚、孔子谈破满、晏婴谦恭、车夫改错等，它们都在用一段段生动而形象的事例来揭示谦虚处世的真谛。

"谦虚使人进步，骄傲使人落后。"毛泽东的话虽然质朴，但却是真理。

一位知名企业家曾在写给员工的一封信中提醒每位员工：切莫骄傲。他说："骄傲是我们最大的敌人，一旦骄傲的种子在我们心头萌芽，我们就会犯错误，这是历史的经验，也是先知和智者们的忠告。"

失败和成功是一对矛盾体，人在失败时，会对自己看得很清楚，从失败中找教训、找差距，迎头赶上，最终取得成功。而在成功时，反而有时会被胜利冲昏头脑，看不清自身存在的不足，骄傲自满，从而导致失败。

大发明家爱迪生有过一千多项改变人们生产和生活方式的发明，被誉为"发明大王"和"一代英雄"。但据说在他的晚年，由于骄傲情绪，使得他在最引以为豪的研究领域里犯了形而上学的大错误。他固执地坚决反对交流输电，一味坚持直流输电，结果导致惨败。原来以他名字命名的公司不得不改为"通用电气公司"，而实行交流输电的威斯汀豪公司至今仍保留着。这真是"英雄迟暮，骄傲自误"。

有的人做出了一点成绩，总是喜欢在别人面前夸夸其谈，有时还表现出对周围同事甚至是上司的不屑，以此来显示自己的优越感。这其实是一种最愚蠢的做法，也是职场的大忌。

多少英雄因为胜利而骄傲了，结果落得失败的结局；多少人因为在学术上开始有些成就就自满起来，故步自封，最终也没有做出多少卓越的成绩；多少年少有为、崭露头角的青年，因为骄傲、自负、目空一切，结果在事业上夭折了。这里有多少值得深刻吸取的教训啊！保持清醒、谦虚的头脑，特别是在胜利的时候，在工作取得某些成就的时候，在少年得志的时候，是极其重要的，它是保证我们不断前进的很重要的条件。

谦虚的人，路越走越宽广，也会受到他人的尊重；而骄傲的人，则不易为别人所接纳，并且容易为自己树立敌人，结果总是在骄傲里毁灭自己。

谦虚就是有自知之明，是一种有修养的表现。一个有功绩而又十分谦逊的人，他的身价定会倍增。未达到成功的人没有什么值得特别骄傲的，因此更应该而且必须保持谦逊。而已经取得成功的人，也不该自高自大、自鸣得意和自以为是，而应该继续保持谦逊的作风。

一位企业家曾经说：我在爬山时看到了一棵石榴树，在没有长果实的时候，每一个树枝都朝向天空，咄咄逼人，但是当它长满了果实的时候，它的每一根树枝都低头朝向大地。

进入职场，我们也应该把谦虚放在首位。因为，谦虚可以使我们永远把自己置于学习的地位，并有助于我们发现他人的优点。

那么在工作中，如何保持谦虚呢？

工作中的谦虚就是当你身居某个显赫的位置时，并不认为这个职位就非你莫属，离了你地球都不会转动，而是想到还有很多优秀人才也能胜任，只是缺少像你一样的机会，从而做到爱岗敬业、一丝不苟。

工作中的谦虚是当你取得某项成绩、获得某项荣誉时，并不认为就是一己之劳，而是离不开领导的关爱、组织的培养和同事的协作，从而把鲜花和掌声当成一种鞭策和鼓励，当成新的开始。

陈赴京是某药材经销公司的员工，是从农村应聘来打工的。为了不让别人小看他这个农村来的打工仔，他决心好好干，做出一点成绩。为此，他经常和一些老员工在一起并虚心向他们请教业务上的经验。由于他待人热诚，手脚勤快，时间不长就赢得了大家的一致好评。年长的同事自然也愿意帮助他，加上他的聪明，很快熟悉了业务并成为公司的业务骨干而受到老板的赏识。

一次公司举行酒会，陈赴京自然作为小字辈被安排和年轻人坐在一起。酒会进行了一会儿，他端着酒杯来到老员工中间，向他们逐个敬酒，他谦逊地说道："我还年轻，许多事情不懂。过去，前辈们给了我不少的帮助，这里我向你们表示衷心的感谢。我很尊重你们，在以后的工作中，希望你们能像从前那样继续给我指点，谢谢你们。"

一席话说得前辈们心花怒放，连连点头。陈赴京表达了他的谢意和敬意，这也使得他的影响力不但在年轻人那里有了增强，同时扩大到了老员工中。随着交往范围的扩大，人际关系的建立，他的谦虚让他在公司中有了较好的口碑，工作也开展得更加顺利了。

谦虚不只是一种传统美德，也是取得他人好感的方法之一。从这个故事中陈赴京的所作所为来看，谦虚不是虚伪，而是放开心胸低下头来尊重他人。一个人初到一个新的单位，所有的工作对你来说都是陌生的，学会尊重同事，放下架子，多向同事请教，不论对方年龄大小，只要比你先来公司，都是你的老师，你只有虚心请教，不断学习加上埋头苦干，才能于一切人、一切事里面寻找到有益身心的养分。

然而，有的人只对比自己成就高的人谦虚，因为在他们面前，可以学到不少东西，从中获得利益，在成就地位不如自己的人面前，就摆出一副高高在上的样子，仿佛别人的十个脑袋，也不及他半个手指头聪明。

这样的人永远都不能够真正进步，永远都只能站在自己的一小块地方看世界，就像井底之蛙，只看得见自己头顶的那一片天。其实，在"小人物"身上也有值得学习的地方，"寸有所长"这句老话是很有道理的。

总之，做个谦虚的员工，在工作中可让你得到更多人的喜爱，帮助你更好地成就事业。

张扬未必长久，谦恭未必短暂。对于做人来说，还是低调谦虚些好，不显眼的花草少遭摧折。谦虚，反倒能心无旁骛，专注做好眼前的事，从而成就自己的未来。

阅读思考：

（1）你是如何认识和理解"谦虚使人进步，骄傲使人落后"这一名言的？

（2）你是一个谦虚的人吗？谦虚精神让你收获了什么？

6

成功奖赏勤奋工作的人

常言说："一天之计在于晨，一年之计在于春，一生之计在于勤。"没有了勤奋就没有了一切。打开世界名人辞典，哪一个名人不是通过付出勤勤恳恳的汗水才获得成功的？

曾有人问李嘉诚的成功秘诀。李嘉诚讲了这样一则故事：

日本"销售之神"原一平在69岁时的一次演讲会上，当有人问他销售的秘诀时，他当场脱掉鞋袜，将提问者请上讲台，说："请你摸摸我的脚板。"

提问者摸了摸，十分惊讶地说："您脚底的老茧好厚呀！"

原一平说："因为我走的路比别人多，跑得比别人勤。"

提问者略一沉思，顿时醒悟。

李嘉诚讲完故事后，微笑着说："我没有资格让你来摸我的脚板，但可以告诉你，我脚底的老茧也很厚。"

李嘉诚和原一平的故事给我们这样的启示：人生中任何一种成功的获取，都始之于勤并且成之于勤。勤奋是成功的根本，是基础，也是秘诀。没有勤奋，任何一项成功都不可能唾手而得。

我们从小就从父母、老师那里知道"勤能补拙""勤奋可以创造一切"这些名言，也听过无数个有关勤奋苦干，取得成功的故事。

但多数人并未从中受到启发，在工作中依旧偷懒，依旧好逸恶劳。还常常这样为自己开脱：时代不同了，勤奋不再是职场中或商战中的成功法宝，不靠勤奋照样能取得成功。

　　真的是这样吗？不，绝对不是！在当今竞争十分激烈的时代，勤奋不是越来越不重要，而且恰恰相反，要想在职场中获得成功，必须保持勤奋的工作态度。

　　比尔·盖茨曾说："公司员工应该具备勤奋的美德，无论在什么情况下，都不能丢掉勤劳苦干的好作风，去等待好运的降临。勤奋并不仅仅是指体力的投入，还包括脑力和感情的投入。"

　　一位知名企业家也说："勤奋是每一个优秀员工成长和成功最直接的捷径。"

　　在一次聚会上，有一位卓越的实业家阐述自己的成功之道时，特别提到他的座右铭："勤奋地工作，刻苦努力地钻研，比黄金还宝贵。"他告诉大家："我之所以有今天的成就，全在于这几十年中，在工作上遵从'勤奋'二字。不急躁，持之以恒。"

　　任何成功，都来自于勤奋者的努力，世界上没有不劳而获的事；在职场上，成功也是没有捷径可走的，只有勤奋苦干才能有所收获。

　　"业精于勤，而荒于嬉"，那些勤快又努力的人，付出多少也总会得到多少，这些人在工作业绩上总是遥遥领先。相反，那些懒惰而又怠慢工作的人，只会为企业、公司拖后腿。这样的人不可能在工作中取得多么出色的业绩，迟早要被淘汰。

　　"一勤天下无难事"，人们在年轻时，就要培养勤勉努力的习惯，并且在工作中永远保持，这种无形的财产和力量将会成为你终生受用的法宝。

　　勤奋使平凡变得伟大，使庸人变成豪杰。成功者的人生，无一不是勤奋创造、顽强进取的过程。

　　唐骏，曾任上海微软全球技术中心总经理、微软中国总裁、盛大总裁，现任新华都集团总裁。被誉为中国的"打工皇帝"。

　　唐骏在微软工作10年，从一个名不见经传的小小程序员到上海微软全球技术中心总经理，再到微软中国公司的总裁，创造了一个奇迹。他用出色的业绩获得了比尔·盖茨的认可，成为了微软历史上唯一一个三次被授予微软公司最高奖——比尔·盖茨总裁杰出奖和杰出管理奖的员工，也是微软公司历史上唯一一位被公司授予"终身荣誉总裁"称号的员工。

是什么成就了唐骏辉煌的职业经理人生涯？他的成功有什么秘诀呢？

唐骏的成功绝非偶然，不是靠运气，而是靠智慧和努力的结果。说他智慧，是因为他头脑灵活，总能看到别人看不到的机会，并且牢牢抓住。说他努力，是因为勤奋。

在微软的10年里，唐骏是微软5万员工中最勤奋的一个。他十年如一日，早上第一个来公司，晚上最后一个离开办公室，每天工作12小时以上。他知道成功路上没有捷径，唯有勤奋。在微软，唐骏正是靠着勤奋成就了一番辉煌的事业，让世界知道了一个中国人——唐骏。

2007年，唐骏在"中国大学生国际讲坛"上演讲时说："勤奋非常重要。我没有其他本事，只有勤奋，一直勤奋！很多人问我：唐骏你从一个普通的软件工程师——写代码的工程师，7年时间怎么就可以成为中国区总裁？这在微软历史上没有过，在中国的外企中也没有过。难道是聪明吗？你看我的样子就知道我不是一个聪明的人。但是你看不出来的是我几年、几十年如一日的勤奋。我没有其他秘密，只有靠勤奋。一点点聪明，加上十分的努力，就足够了。"

"我把我所有的成功都归之于两个字——勤奋。我不能说过去10年我在微软的5万名员工中是最勤奋的，但是微软公司没有一位员工可以站出来说，我比唐骏更加勤奋。在美国留学、创业到微软，我觉得我的一切一切没有太多是属于唐骏本身的东西，但是唯一属于我的是什么？是我的勤奋。因为我知道，在职业生涯中什么都改变不了你的话，有一个一定可以改变你，那就是勤奋。职场上需要勤奋，做什么都需要勤奋，没有勤奋我相信永远实现不了你人生职业的规划。我相信就是这样的勤奋，造就了我今天这么一点点的成功。"

在今天崇尚业绩的社会里，不管你从事的是怎样一种工作，不管你是一个清洁工人，还是一个IT精英，只要你勤勤恳恳地努力工作，你就是成功的，就是令老板认可的，成功最终会奖赏勤奋工作的人。

阅读思考：

（1）"成功奖赏勤奋工作的人"，你认可这句话吗？

（2）看了唐骏的成功故事，你有何感想？

第五章

对工作负责，就是对自己的未来负责

没有做不好的工作，只有不负责任的人

责任是人的使命所在，是人类共同崇尚的一种精神财富。我们要做的是对自己的工作、对所在的组织负责。拥有强烈的责任心，树立责任重于泰山的观念，是培养良好职业道德，做好一切工作的根本保障。

"责任心"一词对于每个人来说都不陌生，我们几乎从生下来开始就陆续被父母、老师、领导们不断地灌输"做人要有责任心"的道理。

那么，什么是责任心呢？责任心就是一个人对工作敢于负责、主动负责、自觉负责的态度。它是每个人都应该具有的一种基本素质，更是一个人做好一件事情所必需的条件。

"责任心"在今天受到的重视程度超过任何一个历史时期。几乎所有的企业和组织在招聘员工时，都会写上"责任心强"这一条件，把有没有责任心，当做招聘员工的一个重要标准。在职场中，千金易得，拥有责任心的人才最难得，这早已经成为所有企业家的共同心声。

我们从事的每一份工作都是一份责任。一个人的责任心如何，决定着他在工作中的态度，决定着其工作的好坏和成败。

有这样一个故事：

有种德国产的柴油机，运转时声音很低，夜里放在枕边运转都不会影响睡眠。1983年，武汉有家工厂按照这种柴油机的设计图生产了一台，与德国产的柴油机相比，噪声很大，大家都不知道原因出在哪里。

后来，工厂从德国聘请了一个退休专家来担任技术指导。洋专家仔细研究了设计图，发现没有问题，便交付工人们按照图纸生产，并吩咐工人在生产当中应当注意的一些事项。

新机器生产出来后，一试机，噪声还是很大。洋专家让工人们将机器拆开，把手伸到机器内，掏出了一把铁砂。看着那把铁砂，洋专家非常愤怒，铁青着脸说："这不是技术问题，而是责任心问题！责任心问题！"

这样的问题，在我们的生活中恐怕并不鲜见。

一个不负责任、没有责任意识的员工，不仅会在工作中为企业带来损失，而且还会为自己的职业生涯带来损害。相反，一个有强烈责任感的员工，不仅能够得到老板的信任，同时也会为自己在通往成功的道路上奠定坚实的基础。

现在，几乎每个企业和组织都非常看重员工的责任心，他们看重的是那些能将个人知识、技能与责任心相融合的员工。在企业和组织中，员工的知识、技能相差不会太大，而造成的工作落差却很大，其中最重要的原因就在于他们在"责任心"方面的差异。所以，很多企业高管都这么认为："没有做不好的工作，只有不负责任的员工。"企业的每个员工，要想把工作做好，都要用一流的责任心去把关。

没有做不好的工作，只有不负责任的人，如果我们每个人都能担负起责任，都能在自己的责任天地里努力，那么工作就一定能干好。

1997年8月，魏小娥被海尔集团派到日本学习世界最先进的整体卫生间技术。在学习期间，魏小娥发现日本人在试模期的废品率一般在30%～60%，设备调试正常后，废品率为2%。

魏小娥感到奇怪，便问日本的技术人员："为什么不把合格率提高到100%呢？"

"100%？这怎么可能呢？"日本人说。

2%的废品率在很多人看来已经是非常难得的了，但魏小娥却不这样认为。她觉得，没有做不好的工作，只有做不好工作的人。别人觉得100%合格率不可能达到，那是他们的想法，将来她做这种产品的话，她的标准就是合格率达到100%。因此，在日本期间，她拼命学习他们的先进技术，期望有一天能赶超日本。

从日本学习回来之后，魏小娥担任了海尔集团卫浴分厂的厂长。不久，日本模具专家宫川先生来华访问，在他的"徒弟"——魏小娥的陪同下参观海尔集团，面对一尘不染的卫浴生产车间和100%的合格产品，宫川先生脸上写满了疑问。

"我们一直在想办法解决卫浴生产现场的脏乱，效果总是不理想，你们是如何做到现场清洁的呢？对我们而言，2%的废品率、5%的不良品率已经达到了极限，你们的产品合格率是如何达到100%的呢？"

面对宫川先生一连串的提问，魏小娥简单地回答了两个字："用心。"

用心，说起来容易，但做起来并不容易。

原来，自魏小娥担任卫浴分厂厂长以来，她就狠抓模具质量，处处严格把关，不放过任何一个细节。一次，在试模前一天，魏小娥在原料中发现了一根头发，这根头发可能是从操作工头上掉下来的。魏小娥立即意识到，如果原料中混进一根头发，那就意味着出现废品。想到这里，她马上给操作工统一配发白衣、白帽，并且要求头发必须严严实实地包裹在帽子里，不让头发掉出来。就这样，一个可能出现2%废品的因素被消灭在萌芽状态。

就这样，在魏小娥的严格要求下，一个又一个的2%废品率被杜绝，每个2%的责任都得到了100%的落实，终于，被日本人认为是"不可能"的100%产品合格率，魏小娥做到了。她用实际行动证明：只要用责任心去把关，就没有做不好的事情。

实际上，所谓"用心"，就是要有责任心。在工作中，如果我们能够像魏小娥那样用心负责，用责任心来把关，也一定能成为第二个"魏小娥"。

任何一项工作，无论它多么艰难，只要你认真对待，就能够取得成功。世界上没有做不好的工作，只有做不好工作的人，只要我们认真去做，用负责的精神投入其中，任何工作都可以做精做好。

阅读思考：

（1）为什么说"没有做不好的工作，只有不负责任的人"？你认同这句话吗？请结合你身边的案例，谈谈你的理解和认识。

（2）魏小娥用自己的努力证明了：只要用责任心去把关，就没有做不好的事情。在工作中，你能像魏小娥那样"用心"去把每件工作做好吗？

②

今天你糊弄工作，明天工作就糊弄你

在一些企业和组织机关里，一些人做事总是不用心，对工作能敷衍就敷衍、能应付就应付、能糊弄就糊弄、能逃避就逃避。粗心、懒散、草率是他们工作的主要表现。以这样的态度去工作，其结果可想而知。

麦先生是一家展会公司项目负责人，他向我们讲述了一个员工敷衍了事、糊弄工作的故事：

刚进入公司的员工，一般要从最基础的工作做起，从而了解并熟悉整个工作环节的流程。展会业的流程筹备期比较长，工作内容也比较繁杂琐碎，要熟悉这一切，需要一个学习过程。在展会的准备阶段，展会公司要做的工作主要便是宣传、招商、租借场地、反复确认等，这期间，最重要的是打电话给参展商沟通和确认一些细节问题。

给客户打电话这份工作看似简单，但要把这份工作做好也不是一件轻松的事情。麦先生所在公司的一位新入职的员工就因此而受不了了。麦先生找全了客户名单，叫他打电话推荐公司正在筹备的一个展会，了解和确认客户有没有兴趣参展，这位员工一开始打电话打得很卖力，后来就开始偷懒了。到最后，麦先生发现，凡没打通电话的或者暂时找不到客户单位负责人的，他就忽略不再打了，然后向麦先生报告说这些单位不准备参加本次展会。这是何等的敷衍了事！这种糊弄工作的态度又会给公司带来多少损失呢？

这个员工的做法真是让人失望，麦先生不止一次暗示他、提醒他、指点他，可他依旧我行我素，最后导致每次他报告什么事情有问题或者无法完成时，麦先生总是持怀疑态度。麦先生相信没有哪个公司会喜欢这样的员工。

在职场中，对待工作敷衍了事的人实在是太多了。在他们心里，始终把自己定位为一个"给老板工作的人"。于是，能糊弄就糊弄，能少干点就少干点。他们嘲笑脚踏实地的老黄牛，看不起那些兢兢业业的同事，认为他们都是"傻帽儿"。

这些人自以为很聪明，马马虎虎应付完每一天的工作，常常暗自窃喜。殊不知，一个人糊弄工作，就是在糊弄自己。这样的员工既是对公司的不负责，也是对自己的不负责。

当今时代，公司与公司之间，竞争越来越激烈，只要员工在工作中不认真、不用心，有一丁点儿不负责任，就有可能导致整个企业蒙受巨大损失。

敷衍了事的人不单单工作起来效率较低，自己阻碍了自己发展和前进的道路，而且会给人们留下做事情不负责任、工作粗心大意的坏印象，从而很难获得上司的信任和重用，自然也就无法获得同事的尊重。

一位哲学家说过："不论你手边有任何工作，都要认真、用心去做。这样，你每天才会取得一定的进步。"

认真、用心工作，最大的受益者是自己；敷衍糊弄工作，最大的受害者也必定是自己。大部分人总是在渴望自己得到提升，得到加薪，但却在工作中依旧抱着为老板打工的想法，只是完成任务而已，甚至敷衍了事，似乎他们并不知道职位的晋升是建立在忠实履行日常工作，用心做好每一件事的基础上的。只有尽职尽责、尽善尽美、用心做好目前的工作，才能使你获得价值的提升。

今天你糊弄工作，明天工作就会糊弄你！如果今天你对工作不负责任，处理事情漏洞百出，那么明天你很可能成为公司裁员的对象。

在企业中，最受欢迎的往往是那些无论工作是大是小，是易是难，他们都能够同等对待，从不糊弄的员工。因为他们知道，今天的糊弄，影响着明天的成功。只有认真、用心做好工作中的每一件事，才能换来丰收的喜悦，收获属于自己的未来。

阅读思考：

（1）"今天你糊弄工作，明天工作就糊弄你"，你认同这句话吗？为什么？

（2）在你的身边，也随处可见那些做事不用心、敷衍了事的人吗？他们在单位的境况如何？

③

对今日的工作负责，就是对明日的自己负责

有的人工作马马虎虎，敷衍了事，他们把工作当成老板的事，因而不肯投入全部身心。其实，这样的员工既是对公司的不负责，也是对自己未来的不负责。

我们生活在一个彼此息息相关的社会中，所有生存在这个世界的人都需要共同努力，郑重地承担起自己的责任，这样我们才会有生活的宁静和美好。如果一个人懈怠了自己的责任，那么这个人就会给别人带来不便和麻烦，甚至是生命的威胁。

公交车司机要把车开好，那是他的责任；建筑工人要把房子盖好，那是他的责任；老师要把学生教好，那是他的责任；老板要把公司管理好，那是他的责任；员工要把工作做好，那也是他的责任……任何人都没有权利推脱自己的责任。如果人人都对自己所做的事敷衍了事，不肯对自己的工作负责，结果只能使事情做得越来越糟，社会也只能一步步走向倒退、走向败落。

一个人无论从事何种职业，都应该尽自己最大的努力去做好，而不是敷衍了事，马虎大意。这不仅是工作的原则，也是做人的原则。如果没有了职责和理想，生命就会变得毫无意义。无论你所处的境遇多么糟糕，只要能全身心投入工作，对自己负责，对自己所做的事负责，那么你就可以通过努力获得自己想要达到的目标。

有这样一个故事：

邹峰和朋友刘光前往一家外资公司应聘。那家公司待遇优厚，参与应聘的人不少。面试结束后，主考官说还要试用一下，叫他们五天后去报到。

五天后，他们早早地来到公司。公司老总亲自为他们安排了当天的工作——给他们每人一大捆宣传单，让他们到指定的街道各自发放。

邹峰抱着传单，来到了划定的地盘，见人就发给一张。有的人接，有的人理都不理，有的接过去就随手扔在地上，他只好捡起来重发。忙碌了一整天，可手上的传单还剩厚厚的一叠。

下午5点，邹峰拖着一身的疲惫回公司交差。走进公司办公室，看见其他人都已经回来了。刘光一看到他就说："你怎么还留那么多传单在手中？"邹峰一看大家手上都是空的，心头慌了。

老总问邹峰发了多少。他涨红着脸，把剩下的传单交给了老总，难为情地说："我干得不好，请原谅！"

在回住地的路上，刘光一个劲儿地怨他憨、骂他傻，并告诉邹峰自己的传单也没发完，剩下的全都扔进了垃圾桶，其他人想必也是如此。邹峰这才恍然大悟，心想这份工作自己肯定没指望了。

结果却大出意料。在那次招聘中，邹峰成了唯一的被录用者，让人感到很纳闷。

半年后，邹峰因为业绩突出升任部门经理。在庆典晚宴上，他询问老总当初为何选择了他。老总说："一个人一天能发放多少传单，我们早就测试过。那天我给你们的传单，用一天时间肯定是发不完的。其他人都发完了，唯独你没有，答案就这么简单。"

邹峰感慨地对人说："那一次求职经历我始终不能忘记，它让我明白了一个受用一生的道理：对工作负责就是对自己负责。"

从上述事例不难看出，一个人的责任意识体现的是一种道德力量和意志力量，你真正对你的工作负责了，也就是真正对企业负责了。只有企业更好、更健康地发展，你才会随企业共同成长，从而得到更好的发展和提高。

一家大型百货商场的老板在视察商场时，刚好看到了下面发生的一幕：在服装柜台边，一位穿着朴素又较胖的中年妇女在看衣服，对于挂着的衣服，这件摸摸，那件捏捏，嘴里还在不停地向售货员问价格，问产地……也许是这位售货员以貌取人，认定这位中年妇女没有购买能力，就算她有能力购买，也未必有合她身材的衣服。所以，对于顾客的提问爱答不答、爱理不理，态度甚是冷淡。这位女顾客对此非常不满，临走丢下一句话：以后再也不到这个商场来购物了，服务态度实在太差劲了。

对于这位售货员的做法，老板有点生气，他对该员工说："你的职责就是为顾客服务，让顾客满意并让顾客下次还光临我们这里，但是，你的所作所为是在赶走我们的顾客，你这样做，不仅没有担当起自己的职责，而且还使公司的利益受到损害。你懈怠了自己的责任就失去了公司对你的信任，一个不把工作当成是自己责任的人，就不能让公司把他当成自己人。你可以走了。"

这位老板让人佩服的一点就在于他没有把这个问题简单地看成是服务态度的问题，而是看到了服务态度背后更深层次的问题。那么服务态度背后又是什么问题呢？那就是责任。

一个不负责任、没有责任意识的员工，不仅会在工作中为企业带来损失，而且还会为自己的职业生涯带来损害。相反，一个有强烈责任感的员工，不仅能够得到老板的信任，同时也会为自己在通往成功的道路上奠定坚实的基础。

无论做什么事情，都要记住自己的责任，无论在什么样的工作岗位上，都要对自己的工作负责。一个对公司、对工作负责任的人，才是对自己真正负责任的人。

阅读思考：

（1）"对今日的工作负责，就是对明日的自己负责"，你认同这句话吗？你是如何认识和理解这句话的？

（2）邹峰为什么能被公司录用？如果你是老板，你也会选择他这样的人吗？

④

增强责任意识，做到在其位、谋其事、尽其责

不管你现在处在哪个职位上，把你的工作做好做到位，是你义不容辞的责任！

孔子曾经说过："在其位，谋其事。"所谓的"位"，可以解释为一个人的职位、身份、地位……即各种各样的角色。有什么样的角色、地位，就应该尽到什么样的职责。人可以同时有多重角色，这些角色还在不断变化之中，不同的角色要承担不同的职责，也就是"在其位，谋其事"。

但在实际工作中，我们发现，有些人在其位不谋其事，单位给他的职务和待遇都到位了，但他们的工作却始终做不到位。要胜任自己的工作岗位，最起码的一点，就要把工作做到位。

某企业老板给一家大公司的经理发送电子邀请函，该老板连发几次邮件都被退回。企业老板给公司经理打电话反映了这一情况。经理问他的秘书为什么会发生这样的情况，秘书说大概是邮箱满了的原因。可四天过去了，该企业老板的邮件仍然发不过去，经理再问，秘书的回答仍然是邮箱满了。公司因此失去了与该企业筹备已久的合作项目。经理盛怒之下，辞退了秘书。

试想，不知这四天之内该有多少邮件遭到了被退回的厄运？而这众多被退回的邮件当中谁敢说没有重要的内容？如果那位秘书能考虑到这一点，恐怕就不会让邮箱一直满着了。作为秘书，每日查看、清理邮箱，是最起码的职责，而这位秘书显然责任心不够，没有把工作做好、做到位。

某公司一个做市场策划的员工，在给公司设计印刷品时出现了文稿排版错误，公司决定对他进行处罚，他一再申诉说是技术人员提供的文字稿，技术人员要对文字稿负责。上级问他作为广告公司的稿件最终确认人，他应该负哪些责任呢？他就答不上话了，但他最后依然坚持，这个稿子设计好后让技术中心把关过，也给总经理审批过，必须对他们也一并处理，而且他们至少应该负担80%的责任。

最终，这名员工还是受到了处罚。

这种缺乏责任感，工作做不到位的人是不适合在企业里工作的，也很难受到领导的器重。

身在职场，任何时候我们都不能放弃肩上的责任，不管从事什么工作，我们都需要尽职尽责。不论哪一级的工作人员，都必须要"在其位，谋其事"、"在岗一日，负责一天"，不要懈怠自己的工作与职责。

留心观察那些在职场中获得成功的人我们不难发现，这些人不论做什么事情，都是"身在其位，心谋其事"，认认真真把本职工作做好做到位，所以，他们往往能在平凡的岗位上做出不平凡的业绩，也正因为如此，他们总能在职场中获得成就梦想的机会。

每个员工都要清楚，只有忠实地对待自己的工作，忠诚地对待公司，充分发挥自己的应有作用，才能巩固你现有的位置。如果你不想与自己的位置只保持一种短暂的"约会"关系，那你就应在其位，谋其事，坚持把工作做好做到位。

如果我们把公司看做一个构造严密的大厦，其中每一个位置都是大厦的构成元素，那么，任何元素的运作出现问题，都会影响大厦，甚至会颠覆整个大厦！

由此可见，老板喜欢在其位谋其事的员工是合情合理的。因为每个老板都希望每一个岗位的效能都尽可能地最大化，希望每一个岗位的员工都能把工作做好做到位。

曾经有人问"全球第一首席执行官"杰克·韦尔奇："你为什么能够

在GE担任那么长时间的首席执行官？"

韦尔奇神秘地笑了笑，答道："我在一段时间里会集中精力踏踏实实地做一件事，我会尽全力做好它。简单地说就是在其位就要谋其事。"

我们既然在一定的位置上，就要做好相应的工作，就要在自己的位置上严格要求自己：能做到最好就不做到一般，"在其位，谋其事"，勇敢地承担起责任，并一直把这种良好的工作作风保持下去。

阅读思考：

（1）想一想，一个员工如果在其位不能谋其事、尽其责，那将会给单位带来什么影响？

（2）你在工作中打算如何去履行"在其位、谋其事、尽其责"？

⑤

拥抱责任，创造卓越未来

"机会在哪里？"这是很多员工经常挂在嘴边的一句话。他们不知道，担当责任，机会就在身边，很多时候，责任就是机会。

成功的"机会"总是藏在"责任"的深处，拥抱责任的人，实际是抓住机会的人；逃避责任的人，看似世事通达，实际是放弃机会的人。只有有责任心的人，才能够看到机会究竟藏在哪里。

作为员工，应该记住：责任和机会是成正比的。没有责任就没有机会，责任越大机会越多。

当你觉得自己缺少机会或职业道路不顺畅时，不要抱怨他人，而应该问问自己是否担当了责任。

进入21世纪，主动担当更多责任，已经成为职场人必备的品质。只有勇于担当责任的人，才能得到领导的器重并被委以重任，才能让自己有机会迎接更多的挑战。

担当责任要有宽阔的胸怀，因为很多时候，担当责任无异于担当风险。担当责任要有顾全大局的"弃我"精神做支撑，只要为了整个团队的利益，勇敢地担当责任，解决了难题，化解了危机，自然就为自己创造出了晋升的机会。

某生物制药公司研发部根据计划准备开发一种新药，初步做了几次试验后，发现此药存在一定风险。眼看年底快到了，一年一度的年终绩效评估考核已经拉开帷幕，多一事不如少一事，少一事还意味着少犯点错误。为了避免可能的研发失败而影响年终考核和年终奖，以及可能要承担的风险责任，研发部就写了份报告，说了一大堆理由硬是取消了这个计划，其实这个计划是很值得做下去的。

在公司或企业中，确实存在着许许多多这样的员工，在工作时只想着如何做才会不让自己吃亏，凡事对自己有利就去做，稍微有些风险就害怕承担责任而不做。

我们必须深刻地认识到，责任并非许多人认为的麻烦事，更不是强加在我们身上的包袱，而是通向成功的阶梯。逃避责任的人，看似省得一时之事，却拒绝了发展，更远离了成功。

在职场上，一定不要害怕多做工作，多担当责任。要知道，责任不是负担，责任是机遇，是打开成功之门的敲门砖。

具备责任感是一个人成才、成功的基本前提。没有哪个成功人士是无责任感的人，事实上，只有那些勇于担当责任的人，才能让别人信任，才有可能被赋予更多的使命，才有资格获得更大的荣誉，才能得到社会的认可，才能成就一番事业。

一个人担当的责任越多、越大，证明他的价值就越大。任何一个老板都清楚，勇于担当的员工，能够真正负责任的员工对于企业的意义有多大。如果我们渴望成功，就必须愿意承担责任。

一家公司有三个分厂，一分厂历来管理基础较好，但规模也较其他两个分厂小一些。一分厂的厂长姓石，正是在他的管理下，一分厂才有了良好的经营。

后来，董事长决定调石厂长到三分厂担任厂长。

三分厂是公司规模最大、设备最先进，管理却最混乱的一个。之前已经有好几个厂长去了那里，然而都无功而返。因此，得知调动消息时，石厂长很矛盾，不去吧，董事长可能不高兴；去吧，一旦搞砸了，想再回一分厂都不行了。而且，由于多年管理一分厂，一切运作程序早就规范了，管理起来得心应手。

思量再三，石厂长还是答应调往三分厂，因为他意识到这是锻炼自己的机会，如果搞好了就可以进一步证明自己的能力，从所有分厂厂长中脱颖而出！

半年多时间过去了，原来最混乱、生产能力最低的三分厂一跃成为整个公司的生产管理标杆，各项指标均占据首位。

此后，董事长决定把三分厂的经营管理权下放给石厂长，并给他年薪40万元。

石厂长不惧怕承担责任，以高度的责任心为自己铸造了一个美好的未来！

一个人担当的责任越大，他获得的成功就越大，得到的回报就越多。所以，当责任来临时，我们不应有所畏惧，而是应该勇敢地去担当。唯有担当了比别人更大的责任，才会获得更大的成功。

阅读思考：

（1）如果你有担当重大职责的机会，你会勇于担当吗？为什么？

（2）请说说机遇和责任之间存在一种什么样的关系。

（3）石厂长的成功说明了什么？他的成功能给我们带来哪些启示？

（4）你是勇于承担责任的人吗？你打算如何在工作中承担责任、成就自己？

第六章

创新工作思路，用智慧开创未来

①

打破常规思维，以逆向方法解决工作中的问题

一位教授在一次培训会上提出了一个这样的问题："一个聋哑人到商店买钉子，他给售货员比划用锤子钉钉子的手势，售货员给他拿来一把锤子，聋哑人摇头表示不对，又比划了一次，售货员没看懂，聋哑人比划了好半天，售货员才知道他是要买钉子。聋哑人走后，又进来一位盲人想买剪刀，你们想想看，盲人会用什么简便办法去买这把剪刀？"

"嗨，这个简单，只要伸出食指和中指做个剪刀样不就行了吗？"其中有位学员不假思索地答道，其他学员也纷纷点头表示赞成。

教授笑了笑说："这样的回答在我的预料之中，其实最简单的方法只要他开口说一下不就可以了吗？切记，不要让自己的思维进入死角，否则就会失去正常的思维。"

为什么有些人会说出第一种答案呢？那是我们惯性思维的原因，是被前面的叙述所误导，只是简单地了解事物的表面，而没有看到事物的本质。我们总是被一些固定的思维模式所束缚，不能跳出那个圈子。所以我们要改变思维方式，透过现象看本质，才能做出正确的选择。

顾名思义，逆向方法就是打破常理，从反面探究和解决问题的方法。很多时候，对问题只从一个角度去想，很可能进入死胡同，因为事实也许存在完全相反的可能；有时，问题实在很棘手，从正面无法解决。这时，假如探寻逆向可能，反倒会有出乎意料的结果。

一般情况下，人们总是惯用常规的思考方式，因为它可以使我们在思考同类或相似问题的时候，省去许多摸索和试探的步骤，不走或少走弯路，从而缩短思考时间，减少精力损耗，提高思考的质量和成功率。但

是，这样的思维定式往往会使人陷入旧的思维模式，难以进行新的探索和尝试，因此，我们应当敢于打破常规，摆脱束缚思维的固有模式。

打破常规，不按常理出牌，突破传统思维的束缚，哪怕是一个小小的创意，也会产生非凡的效果。

1952年，由于经济危机的影响，日本东芝电器公司积压了大量的电风扇销售不出去，为此，公司的有关人员虽然绞尽脑汁想了很多办法，但销量还是不见起色。

一天，公司的一个基层小职员看到街道上有很多小孩子拿着许多五颜六色的小风车在玩，于是头脑里突然想到：为什么不把风扇的颜色改变一下呢？这样既受年轻人和小孩子的喜欢，也让成年人觉得彩色电扇能为屋里增光添彩。

想到这里，小职员急忙跑回公司向总经理提出了建议，公司听了这个建议后非常重视，特地召开大会仔细研究并采纳了小职员的建议。

第二年夏天，东芝公司隆重推出了一系列彩色电风扇，一改当时市场上一律黑色的面孔，很受人们的喜爱，掀起了抢购狂潮，短时间内就卖出了几十万台，公司很快摆脱了困境。而这位小职员不但因此获得了公司2%的股份，同时也成了公司里最受大家欢迎的职员。

从此以后，在日本乃至全世界，电扇就不再都是一副统一的黑色面孔了。

此例具有很强的启发性。只是改变了一下颜色，短时间内，就销售了几十万台电风扇。这一改变颜色的设想，效益竟如此巨大。而提出它，既不需要有渊博的科技知识，也不需要有丰富的商业经验，为什么东芝公司的其他几万名职工就没人想到、没人提出来？为什么日本以及其他国家有成千上万的电器公司，以前都没人想到、没人提出来？这显然是因为，自有电扇以来它们都是黑色的，大家彼此仿效，代代相袭，渐渐形成了一种惯例、一种传统，似乎电扇只能是黑色的。这样的惯例、常规、传统，反映在人们头脑中，便形成一种心理定式。时间越长，这种定式对人们的创新思维束缚力就越强，要摆脱它的束缚也就越困难，越需要做出更大的努力。东芝公司这位小职员提出的建议，从思考方法的角度来看，其可贵之处就在于，突破了"电扇只能漆成黑色"这一思维定式的束缚。

人们的大脑中存在思维定式是一种很普遍的现象。据说，牛顿曾养了一大一小两只猫。一次，牛顿请瓦匠砌围墙，为了让猫进出方便，他要求瓦匠在墙上开一大一小两个猫洞，以便大猫进大洞，小猫进出小洞。围墙砌好后，瓦匠却只开了一个大洞，牛顿很不满意。瓦匠解释说，小猫不是也可以从大洞进出吗？牛顿顿时恍然大悟。能从苹果落地的现象而发现万有引力定律的牛顿，也被定式思维开了一个玩笑。

因此，一定要打破思维的惯性，跳出思维模型所造成的定式状态，去获得常规之外的东西。遇到问题时，一定要努力思考：在常规之外，是否还存在别的方法？是否还有别的解决问题的途径？只有这样，才能抛弃旧的思维框框，粉碎思维定式，让思维变得更灵活多变、敏捷准确，从而增强自己解决问题的能力。

阅读思考：

（1）想一想，教授在培训会上提出的问题，你会怎样去回答？

（2）什么是思维定式？为什么有些人会让常规束缚手脚？

（3）你是否总是不知不觉地落入惯性思考之中？如何克服惯性思考？

②

提高解决问题的能力，用智慧创造未来

一名员工的工作能力如何，关键要看他能不能善于发现问题、分析问题、解决问题。最优秀的员工，是最能解决问题的人！

在企业的经营和发展过程中，总会遇到各种各样的问题，这是不可避免的。因此，老板们迫切需要那种能及时解决问题的员工。

企业发展的程度取决于员工解决问题能力的高低。一个人最大的价值，就是解决问题的能力。不管你的智商有多高，如果你没有解决问题的能力，那也很难成为最受企业欢迎的人。

人才已经成为企业取得竞争优势的关键，而人才的价值又体现在解决问题的能力上，否则就是一文不值。因此，优秀员工必须具备解决问题的能力。

及时解决问题，不把问题推给老板

工作中遇到问题是不可避免的，遇到问题应该怎么办呢？很多人的对策是把问题推给上司或老板。

老板是负责公司整体经营管理的人，而不是全体员工的"问题汇总站"。老板雇用员工的目的，就是解决工作中的各种问题。

然而，职场上，很多人遇到问题不是自己想办法及时去解决，而是习惯性地问老板怎么办。他们这样做是基于一种错误认识：老板应该比员工更积极，因为公司是老板的，而员工只不过是打工的。解决问题是老板自己的事，做员工的只要执行老板的命令就行了。

其实，每个人在工作中都免不了遇上许多问题和麻烦，而解决这些问题，化解这些麻烦，就是你的责任和使命，也是企业聘用你的目的所在。

所以，在完成任务的过程中，我们应该随时提醒自己——解决工作上的问题是我们分内的职责！

美国总统杜鲁门上任后，在自己的办公桌上摆了个牌子，上面写着"bucket stop here"，翻译过来就是："问题到此为止"，杜鲁门以此督促自己负起责任来，不要把问题丢给别人。

"问题到此为止"既体现了一种解决问题的积极心态，也指明了一种如何正确面对问题的方法和技巧。

某制鞋厂接了一批来自意大利的订单。必须在规定的期限内发货，延误了时间要赔偿巨额损失。鞋子按时做好后，外贸业务助理小张在为发货做最后的检查时发现其中有十多双鞋存在问题。这可难住了小张，集装箱已经在码头上等着了，如果重新做好再发货，就意味着这批货不能在规定的时间内运到。那么鞋厂将因违约而受到很大的损失；如果就这样出货，十多双问题鞋迟早会被退回来，金钱的损失不用说，这位大客户可能也会由此失去对鞋厂的信任。

如果在平时，出了这样的问题，可以找上司或老板出面解决，而此时老板和上司偏偏都到外地参加一个展销会去了。

此时找老板也没用，因为远水解不了近渴。不过，小张还是发短信向上司汇报了，上司很快回信："问题怎么解决，你自己看着办。"这样的话，说了等于没说，但总不能把问题拖到上司回来再处理吧。

既然这样了，只好自己想办法来解决，此时的小张冷静了许多。突然，小张想起仓库里还有一批准备发往香港去的鞋，跟发往意大利的鞋一模一样，何不从那批货里拿出十多双鞋放到发往意大利的那批货中呢？毕竟发往香港的货没有发往意大利的那么急，再者，从距离上说，香港也要近一些，而去意大利却要40多天的路程，事后再加班加点补做香港的货，不就两不耽误了吗？

想到就做，一个棘手的问题就这样被解决了。

发现问题、解决问题是提升自身能力的重要途径，而不是在遇到问题的时候把问题像"皮球"一样往外踢。我们只有勇于面对问题，并想办法解决问题，才能使自身能力在工作中得到提升。

很多时候，回避问题不仅不能使问题得到解决，相反，可能因为拖延而使问题更加严重。而那些"问题到此为止"的员工，能把遇到的每一个问题都处理好，不知不觉中，就已经有无数机遇在未来等着他们了。一个有卓越解决问题能力的员工是不会永远平凡的。

聪明的员工面对问题，总是积极寻找解决问题的方法。也只有这种敢于直面问题并解决问题的人，才是受企业欢迎的人。

解决工作中的问题是我们的基本职责

一个企业家说："企业是什么？企业就是不断遇到问题和不断解决问题的地方！一个员工的核心竞争力，就是他善于解决问题的能力！"

这个企业家的话，道出了许多老板的共同心声，值得所有想发展的员工深思。一个优秀的员工，不仅不能害怕问题，而且要喜欢问题。因为我们能通过智慧解决问题，不断给自己创造发展的机会。

工作就是解决问题的过程，解决问题是自己的职责，把问题留给上司和老板就意味着工作不力。当我们在工作中遇到问题，如果不正视它，不设法解决它，它往往会给我们带来更大的压力。与其动心思琢磨怎么逃避问题，不如把这种心机和才智运用到寻找解决办法上。

某公司从二手市场买回的一台进口机器出了故障，这台机器的内部结构很复杂，他们必须弄清其内部结构和原理，才能维修好，再投入使用。这台机器有一个由100根弯管组成的密封部分，技术部门的人总是搞不清每一根弯管各自的入口与出口，可是又没有图纸资料可以查阅，令他们束手无策。

技术部门负责人把单位的工程师、技术员、技工之类的人都召集起来攻关，集思广益，也许能想出个简单易行的方法来。

大伙凑在一起，把各自的点子以及一些稀奇古怪的想法都说出来了，虽然有的办法也可行，但实施起来很麻烦；有的办法虽然简单，但付出的时间和代价却很高。总之，还没有一个理想的办法。

有人提出建议："办法都想尽了，干脆把这些方法汇总，交给老板，让老板定夺吧。"

技术部负责人不同意，他说："这是我们技术部门的事，如果想不出办法，就把问题踢给老板，那老板要我们这些搞技术的人还有何用？再说，老板有老板要考虑的事，还是不要麻烦老板了。我们一定能想出一个可行的办法来解决这个难题。"

说着，一边鼓励大家继续开动脑筋，一边从怀里掏出一支烟点上。望着从自己嘴里吐出的烟雾，突然来了灵感，他兴奋地说："有了，办法想出来了！"

技术部负责人叫人找来两支粉笔，他深深地吸上一口烟，然后对着一根管子往里喷，并让人在这根管子的入口处标注"1"，看到哪个出口冒烟，就让人在那里也标上"1"。一根一根的管子都采取这样的办法来分辨，不到2个小时，100根弯管的入口和出口便搞清楚了。

一个看似复杂的问题，用这么一个土办法，就轻而易举地解决了。

善于寻找有效方法去解决工作中的问题和困难，是一个人决胜职场的根本，更是一个企业保持旺盛竞争力的保障。

一个优秀员工在遇到问题时，会想尽办法攻克它，而不是把它交给老板，工作的实质就是不断解决问题的过程。工作能力强的员工，必定是一个善于解决难题的员工，他们用智慧给自己创造了未来。

阅读思考：

（1）为什么说"工作的实质就是解决问题"？请加以分析和阐述。

（2）遇到棘手的问题，你是努力想办法加以解决，还是一味地去抱怨问题，把问题推给上司或老板？

（3）你打算如何提升自己解决问题的能力？

③

只要找对方法，就没有解决不了的问题

方法是解决问题的根本。对待问题，方法为王。在界定问题之后，下一步就是分析问题、制订各种解决方案、评估这些方案并做出决策，然后执行决策。办法是想出来的，想办法才会有办法。

现代心理学的研究表明，在困难面前，积极想办法的态度会激发我们的潜在智慧。那些成功的员工在遇到问题的时候，非常注意动脑筋、想办法，他们相信天无绝人之路。而所谓"无路可走"的人，往往是不肯下工夫去寻找出路的人。

然而，在我们的实际工作中，还是经常听到这样的抱怨："确实是没办法！""真的是一点办法也没有！"设想一下，如果你的上级给你下达某个任务，或者你的同事、客户向你提出某个要求时，你这样回答对方，他们怎能不对你非常失望呢？

也许一句"没办法"，就为推卸责任找到了最好的理由。然而也正是这句"没办法"，让我们浇灭了很多创造的火花。

是真的没办法吗？还是我们根本就没有好好地动脑筋想办法呢？

在我们的生活与工作中，你是否经常被各种应接不暇的问题弄得焦头烂额呢？你是否在面对问题的时候觉得进退维谷、束手无策呢？

此时，你千万不能只坐在那里盯着问题发呆或是置之不理，而是应该积极思考解决问题的方法。

正所谓：世上无难事，只怕有心人。只要你努力地去想办法，相信问题就一定能有其解决之道。

优秀的员工，必是重视寻找方法的人。在他们的世界里，不存在困难这样的字眼，他们相信凡事必有方法去解决，而且能够解决得很完美。事实也一再证明，看似极其困难的事情，只要用心去寻找方法、找对方法，必定有所突破。

2001年5月的一天，美国有一位名叫乔治·赫伯特的销售员，成功地把一把旧斧子销售给了布什总统，从而获得布鲁金斯学会颁发的金靴奖。

布鲁金斯学会以培养世界上最杰出的销售员著称于世。它设立的金靴奖是销售界的"奥斯卡"，然而此奖并非每年颁发，此前它已空缺26年。

克林顿当政期间，该学会推出一个题目：请把一条三角裤销售给现任总统。8年间，无数学员为此绞尽脑汁，最后都无功而返，克林顿卸任后，该学会把题目换成：请把一把斧子销售给布什总统。

鉴于前面的失败和教训，许多学员知难而退。因为当今总统什么也不缺，即使缺什么，也用不着他亲自购买；退一万步说，即使他亲自买，也不一定正赶上你去销售的时候。

然而，乔治·赫伯特却做到了。他给布什总统写了一封信，信中说：有一次，有幸参观了您的农场（布什在德克萨斯州有一农场），发现种着许多矢车菊，有些已经死掉，木质已变得松软。我想，您一定需要一把小斧子，但是从您现在的健康体魄来看，小斧子显然太轻，因此你应该需要一把不甚锋利的老斧子，现在我这儿正好有一把，它是我祖父留给我的，很适合砍伐枯树……

后来，乔治收到了布什总统15美元的汇款，并获得了刻有"伟大的销售员"的金靴子。

乔治·赫伯特成功后，布鲁金斯学会在表彰他的时候说，金靴奖已空置了26年，26年间，布鲁金斯学会培养了数以万计的销售员，造就了数以百计的百万富翁，这只"金靴"之所以没有授予他们，是因为我们一直想寻找这么一个人，这个人不因有人说某一目标不能实现而放弃，也不因某件事情难以办到而不去寻找方法。

这个故事告诉我们：尽管寻找解决问题的方法很困难，但是只要我们积极努力地去想，方法总是会有的。同样，在工作中遇到困难，只要我们去积极思考，总会有方法解决它们。所以当我们遇到难题时，首先就应该坚定这样的信念：方法总比困难要多！

在工作中，总要遇到一些问题。当遇到问题和困难时，你要主动去找方法解决，而不是找借口逃避。

销售大师戴维·考珀有一句名言："不要为失败寻找借口，而要为成功寻找方法。"杰出的员工富有开拓和创新精神，他绝不会在没有努力的情况下，就事先找好借口。他会想尽一切办法完成公司交给的任务。条件再困难，他们也会创造条件；希望再渺茫，他们也能找出许多方法去解决。

某大学准备建立一座现代化的电教大楼，一些厂家得知这一消息后，纷纷派出营销人员上门，希望该校负责设备的张教授购买他们的产品。

这些营销人员有的一个劲儿地向张教授介绍他们厂的产品如何优质，并邀请张教授吃饭；有的销售员则暗示，如果购买他们厂的产品，可以从中得到一笔可观的回扣。但销售都没有成功。

而一位姓李的营销员却采取了与众不同的方法。他给张教授写了一封信，内容大致如下：尊敬的张教授，我们知道您是电化教学仪器设备的专家，今天写信打扰，是因有一件事希望您能帮点小忙。我们厂新近生产了一套电教方面的设备，在投入批量生产之前，我们想请您指导一下，看看哪些地方尚需改进。我们知道您的工作很忙，因此很乐意在您指定的任何时间，派车前往迎接。

接到信后，张教授十分高兴，感到了自己的重要价值。他立即给李营销员回复：本周末愿意前往。

在李营销员的陪同下，张教授仔细观察、操作了该厂的产品，在一些细节上提出了改进意见。

回校三天后，厂里接到张教授的电话："经研究决定，我们购买贵厂的电教产品……"

在英文里有句话，说上帝每制造一个困难，就会同时制造三个解决它的方法。所以，世上只要有困难，就会有解决的方法，只是你暂时没有找到合适的方法而已。

有一位成功的企业家曾感慨地说："世上的任何事情，只要你去想办法就会有突破点。"

是的，想办法就一定会有好方法！假如畏难，又怎么可能创造出辉煌的业绩呢？所以说，世上没有解决不了的问题，只要你能够战胜对艰难的畏惧，并下决心去努力，你就能越来越多地找到解决问题的方法！

阅读思考：

（1）你是一个抱怨和回避问题的人，还是一个正视和解决问题的人？

（2）"只要努力想办法，一定能有好方法"，你认同这句话吗？请结合文中的案例谈谈你的认识。

4

用创造性思维开拓未来

创造性思维是指人们在思维过程中能够不断提出新问题和想出解决问题方式的独特思维。可以说，凡是能想出新点子、创造出新事物、发现新路子的思维都属于创造性思维。

随着社会的发展，创造性思维越来越显得重要，也越来越被人们所重视。谁要想使自己的工作产生超凡出众的效果，谁要想在竞争中立于不败之地，谁就应该跳出传统的思维定式，学会运用创造性思维。

某单位举办讲座，邀请北京某大学的一位教授给全体管理人员讲授"企业的可持续发展战略"。

在讲授之前，教授给大家出了一道有趣的思考题："很远的地方发现了金矿，为了得到黄金，人们蜂拥而去，可一条大河挡住了必经之路，你们会怎么办？"

一石激起千层浪，会场上顿时热闹起来。

有的说：游过去。有的说：绕道走。

但教授却笑而不语。

良久，教授才严肃认真地说："为什么非要去淘金，为什么不可以买一条船搞营运，接送那些淘金的人，这样照样可以发财致富！"

全体愕然。

教授接着说："人们为了发财，即使票价再贵，也心甘情愿买票上船，因为前面就是诱人的金矿啊！"

大家茅塞顿开。是啊，为什么不能换一种思维呢！

传统的常规思维会束缚人的想象发挥，换一种思维，也许就能茅塞顿开。

富有创造性思维的人，思路开阔，善于从全方位、从新角度思考，不拘泥于一种模式；善于巧妙地转变思维方向，随机应变，想出适合时宜的办法；善于寻优，选择最佳方案，机动灵活，富有成效地解决问题。

优秀员工在工作中应该摆脱以往经验，打破思维定式，以一种全新的思维方法来思考问题，创造性地完成工作。

一家建筑公司，在帮助客户装修房子时遇到了一个问题：要把新电线穿过一个10米长，但直径只有2.5厘米的管道，管道砌在墙壁的砖石里，并且转了4个弯。

这可是个很难解决的问题：要把电线装好，看来就必须打通墙壁，这样不仅要花费不少钱，房子的主人也很不愿意。

大家想了很多办法，还是想不出不毁坏墙壁就让电线穿过去的方法。

突然，一个员工想到了一个点子。大家一听，连连称妙，根据这个点子进行操作，果然很快就把问题解决了。

解决这一难题的主角，竟然是两只小白鼠！

他们买来两只小白鼠，一只公一只母，然后把一根线绑在公鼠身上，这根线的尾端同时拴好了需要穿墙的电线，并把它放到管子的一端。

另一名工作人员则把那只母鼠放到管子的另一端，逗它"吱吱"地叫。公鼠听到母鼠的叫声，便沿着管子跑去救它。公鼠沿着管子跑，身后的那根线也被拖着跑，电线拴在线上，小公鼠就拉着线和电线跑过了整个管道。

用两只小老鼠就解决了工作中的难题，这不是偶然的灵光闪现，也不是运气使然，而是创造性思维的结果。

将创造性思维融入工作中去，随时随地开动脑筋，为企业排忧解难，创造效益，这是企业对员工的期待，同时也应该成为每一名员工对自己的要求。

阅读思考：

（1）什么是思维定式？思维方法与创造性思维有何关系？

（2）如何锻炼自己的创造性思维能力，用创造性思维去工作？

⑤

开发好创意，为公司创造高效益

古人云："万物生于有，有生于无。"头脑中的创意往往决定你能创造多大的业绩。创意就是摇钱树，是打开财富大门的金钥匙，好创意将帮助你快速找到为公司创造财富的捷径。

有两个管理学家在考察一家美国纺织品企业设在丹麦的工厂时发现，虽然这家工厂使用的纺织机械和全球其他地方没什么两样，但其工作效率却是其他公司的三到四倍，而且同样的机器还能生产不同的布料，就连这些纺织机械的供货商也感到不可思议。奇迹是如何诞生的？说起来也很简单，无非是在机器的某个部位安装一个阀门，或者随时改变机器运作的压力，再在运送原料的流程中下点工夫，相同的机器就产生出非同寻常的效益。

显然，是员工想到了这些创意和点子。

"一个聪明的头脑价值连城！"这是美国作家欧·亨利说的话。的确，头脑的力量是无穷的，一个好的创意可以为企业带来丰厚的利润和很高的效益。

一个处处为公司着想的人，会站在公司的立场上，以为公司创造利益为出发点，开发自己的创意，给公司多出点子，提出各种合理化建议，为公司的持续发展献计献策，给公司带来巨大效益的同时也给自己创造更多的发展机会。

为公司的发展提出合理化建议

合理化建议是企业开辟的一条"智慧航线"，是最佳的"民主通道"，也是促进企业发展和技术改进的有益举措。

合理化建议不仅体现了员工的主人翁精神，再现了员工的聪明才智，而且一直是企业改进管理、挖潜降耗、拓展新产品及营销思路必不可少的手段之一。

现在许多公司都建立了"建议奖"制度，希望员工多多提出好的建议。

海尔集团以人为本，尊重员工的意见、建议，规定职工提出的合理化建议要逐一落实，并给予适当的物质奖励，并为此设立了"海尔合理化奖"。仅2005年，海尔集团员工提合理化建议就达4万条，创造经济效益7247万元。

一名优秀员工，应该具有强烈的主人翁意识，关心集体，关心公司的发展；在工作中及时发现并反馈生产、技术、管理等各方面存在的问题，能提出合理化建议。

有时，一个恰当的建议，能令一个濒临倒闭的小厂起死回生。

有一年，美国某食品公司生产出来的蛋糕一度滞销，公司采取了很多促销手段进行销售，比如，通过电视、报纸打广告，在大街上发送广告传单等，但都收效甚微。眼看圣诞节就要来了，这可是销售蛋糕的黄金时期，可是，滞销的僵局还是没有打破的迹象。公司老板为此十分焦急。

这时，有一个员工对老板说："公司每天早晨都要配送鲜牛奶给客户，我们可以做一张卡片，正面印着公司圣诞节蛋糕的广告，背面则是蛋糕的订货单。我们把这张卡片系在鲜牛奶瓶上，如果客户需要订购蛋糕的话，只要在订货单上签个名，公司在回收空奶瓶时，顺便就把卡片也捎带回来了。"

听了这个员工的建议，老板觉得非常可行，马上照此方案去做。果然不出所料，这种销售方法刚一实施便初见成效，短短的时间内就获得了

2000多盒圣诞节蛋糕的订货单。

老板大喜，重奖了这位提建议的员工，并问他是怎么想到这个方法的。

这位员工回答说："传统的广告方式就是登报、上电视、发广告传单，当大家都这样做时，就相当于什么都没做一样，更何况一些人对广告早已厌恶和腻烦了，又有谁来注意你的广告呢？现在我们利用客户使用牛奶瓶的机会，做点恰当的广告，既不占用他们的时间，也不增添他们的麻烦，相反在他们有需要的时候，反而方便了他们订货，连个电话都不用打，确实方便省事，订货单源源不断自然是意料之中的事了。"

一个小小的建议，一张小小的卡片，也能带来大量的业绩。

员工想公司之所想，急公司之所急，以公司发展为己任，积极提合理化建议，就能改善经营管理，增强企业内部活力，提高公司运营效率。

与老板一起分享你的好想法

职场上，有些人工作兢兢业业，但却不善于把自己的好想法、好主意说出来与老板分享，对于一个管理众多部属的老板来说，这些人往往就是一群容易被遗忘的人。

很多公司都有这样的人，聪明灵活，好主意、好创意层出不穷，可只是在他脑子里打转，从不主动说出来，问到他头上时，他也是问一句答一句，挤牙膏似的，不会把自己的想法一股脑儿地倒出来。可让他去做策划时，他那些创意呀，点子呀，一个一个往外冒，让你不得不承认他的才能。

这种不问不说的人，大多数时候只能让自己的好想法、好创意烂在肚子里。既然你不说，哪个人有闲工夫来琢磨你的想法呢？

作为员工，你的声音一定要让老板听见，这一点很重要。其实，老板也有解决问题的压力，也希望有下属积极为他们出谋献策，多多沟通。员工有什么利于公司发展的好主意、好创意，应该大胆地发出自己的声音，让老板听见。

有家三流旅馆，自开业以来，生意一直就不景气，老板采取了很多措施吸引顾客，但依然生意惨淡，老板因此而忧心忡忡。

旅馆后面有一块很大的空地。一天，一位员工看到那块闲置的空地，突然有了一个好想法，如果这个想法能付诸实施的话，也许可以挽救旅馆惨淡的现状。他马上把他的想法告诉了老板。第二天，老板就在旅馆门口挂了一块很大的牌子，上面写着：本旅馆后面有一块空地，专供旅客种植纪念树。凡前来住宿的旅客只要你有兴趣，不妨种下一棵小树，在树上吊块木牌，记上你的名字和栽种日期，以此留念。当你再度光临之时，当年的小树定已枝繁叶茂，本店只收树苗费20元。

那块大大的牌子很是引人注目，尤其是牌子上的内容，原本没打算在此店住宿的旅客都选择住了进来，没过多久，旅馆后面的空地上已栽满了小树，整块空地显得生机勃勃，绿意盎然。成了一处环境优美的休闲去处。那些在此栽种了小树的旅客也经常来看望自己曾经种下的小树，老板根本不用担心没有回头客，新顾客因旅馆的环境优雅，愿意光临，老顾客因牵挂着自己种下的小树不再愿意住别的旅馆，慢慢地，来此旅馆住宿的人越来越多，生意也越来越兴隆了。

老板有时需要员工提出一些新奇独特的点子，这些点子即使不一定被采用，也能给老板思考问题和做出正确决策提供一个新的思路。

因此，不管你在公司的职位如何，你都应该发出自己的声音，敢于说出自己的想法。不要将好想法烂在肚子里，一个好想法会给你的公司和你自己带来意想不到的效益。

提供金点子，给公司的发展注入不竭的动力

给老板出主意、当参谋，既是下属应尽的职责，也是下属展示才干、赢得老板赏识的一条重要途径。一个员工，要多动脑，多想一些好的扩大经营的点子，为老板献计献策。

有一家专门经营文教用品的公司，市场销售曾一度陷入低迷不振的状态，本来这类商品利润就低，员工们都认为公司迟早会宣布倒闭，或改行经营其他商品。老板不甘心自己一手创下的公司就这样不了了之，他号召员工们献计献策，希望能找到一个好点子来摆脱目前的困境。

公司里有一个营业员叫王霖，她是个责任心强而且机敏多思的女孩子。经过细心观察，她发现：前来购买文具小用品的顾客，很少有一次只买一件东西的，而是好几件东西一块买，携带起来很不方便。她联想到自己读书时，钢笔、铅笔、尺子、橡皮、圆规等都是一股脑儿装进书包里，用的时候再到处翻找，很不方便。不禁灵机一动，想出了一个新颖的经营点子——文具组合，即把上述文具按照各种不同的搭配方法，放进一个设计精巧、美观大方、携带方便的折叠盒子里，盒子外表还印上各种精美的图案。

与那些复杂的发明比起来，这个点子似乎有点过于简单，只要选几样产品放进一个盒子里就行了，哪里还有比这更简单的改装呢？但就是这么一个不起眼的点子，却成了公司起死回生的灵丹妙药。

这些文具组合，不仅深受学生们的喜爱和欢迎，而且为机关及其他各界职员，以及工程技术人员等的需要提供了方便，面市第一年就销售出300多万盒。尽管公司把文具组合的价格提高了1倍多，但顾客也没有嫌贵。

受到这个点子的启发，该公司的文具组合又在盒子里安上了电子钟、温度计，使它的功能趋于立体化。此外，还根据孩子们的好奇心理，把文具盒做成五花八门、千姿百态的变形金刚等模样。就这样，文具盒的销量越来越大，很快风靡全球。

一个金点子、一个新创意、一个小妙招，就能给公司的发展注入不竭的动力。

成功的大门永远敞开，善于思考、勇于动脑者可以走进成功的殿堂，可以充分发掘自己的潜力，为公司的发展创造出更高的价值。

阅读思考：

（1）你善于给公司提供好的创意吗？你曾提出过哪些创意，公司管理者是否采用？你的创意为公司创造效益了吗？

（2）为公司提出金点子，并不是什么高不可攀的事，你乐意将心中的好主意、好点子提出来吗？为什么？

❻

创新创造好效益，也创造好未来

有一位记者曾问李嘉诚这样一个问题："为何你几十年的成功积累还不如比尔·盖茨的几年暴富？"李嘉诚在感慨"后生可畏"的同时，坦率地承认比尔·盖茨掌握了这个年代最为稀缺的资源：创新精神和创新能力。李嘉诚说：创新可以让一个"新品"在一夜之间战胜一个畅销几十年的"名品"。"新品"来自何方？来自创新人才之手。

社会每前进一步，历史每翻开一页，无不留下人类创新的脚印。创新是财富的源泉。无数的例子告诉我们：创新才是成功的关键。

创新能力就是在工作中发现新问题、提出新见解、找到新办法，解决常人或前人所解决不了的问题，实现工作新突破的能力。创新能力是一个员工的必备能力，是一个员工基本素质的综合反映。

美国著名心智发展专家约翰·钱斐说道："创新能力是一种强大的生命力，它能给你的生活注入活力，赋予你生活的意义。创新能力是你命运转变的唯一希望。"

对企业来说，创新就是适应变化，以变制变；创新就是超越自我，突破现状；创新就是突破旧思维；创新就是标新立异，就是制造差异，就是走别人没走过或不敢走的路。

创新是一个企业发展壮大和生生不息的永恒动力和不竭源泉，要想走在时代的前列，超越竞争对手，立足不败之地，就要把创新作为企业的灵魂，以创新赢得未来，创造强大自我。

创新能为我们找到解决问题的最佳方法，创新能让我们为企业创造更大的效益。在一个企业中，那些最具创新精神的员工，毫无疑问会成为最具发展潜力的员工，成为企业中耀眼的明星！

人人都可以成为创新能手

成功学导师拿破仑·希尔认为：创新并不只是某些行业的专利，也不是超常智慧的人才具有的能力。人人都可以创新，人人都可以用创新来为公司创造高效益。

比如，海尔集团十分鼓励员工创新，在这种机制和文化下，海尔涌现出很多创新的功臣，其案例可谓数不胜数，仅公司内以员工命名的小发明和小创造每年就有几十项之多，如"云燕镜子"、"晓玲扳手"等，并且这些创新已在企业的生产、技术等方面发挥出越来越明显的作用。

我们先来看"云燕镜子"的由来：

海尔的冰箱体与冰箱门的接缝处，要钻4个精密度非常高的孔。每次钻好之后，都要将冰箱翻过来检查，否则就无法知道孔是否钻好了。这样不仅麻烦，而且很浪费时间。

负责给冰箱门钻孔的高云燕对此深有体会，她想，难道就没有一种简便的方法来解决这一问题吗？

一天，高云燕抱着试一试的想法，在穿孔台前放了一面镜子，没想到居然能非常清楚地看到钻孔的情况。

就是这样一面小小的镜子，不但解决了一个老问题，而且还大幅度提高了钻孔的准确性与速度。

为了肯定高云燕的创新精神，海尔不仅给了她物质上的奖励，还将她的这一创新命名为"云燕镜子"。

那"晓玲扳手"又是怎么来的呢？

海尔员工杨晓玲在工作时，偶然发现冰箱上的温控器化霜按钮非常不牢固，组装时一不小心就掉了。杨晓玲想：能不能改进一下呢？

于是，她利用业余时间造出了一个组装按钮的坚固扳手，使按钮组装一次性合格率达到了100%。这个扳手被海尔公司命名为"晓玲扳手"。

看似不起眼的小创意，却使得很多普普通通的海尔人成为了最耀眼的"明星"员工，并激发了更多海尔人的创新意识。

张亮亮是海尔集团合肥空调事业部三厂的员工，他因为发明了"七头六臂"焊接工装，被公司评为"小改小革创意明星"。张亮亮的这一发明使焊接工位可以同时使用6把焊枪，节约了焊工往来奔跑所浪费的时间，使工作效率大为提高。

一位在生产线上做电脑板焊接工作的女员工，因使用的进口焊枪芯容易坏（焊枪芯坏了就只得换1000多元一把的新焊枪），觉得太可惜、太浪费，就跟做钳工的对象说：能不能换个芯接着用？这位钳工觉得有道理，便去电子城寻找合适的替代芯，买回来装上一试，效果不错，而且价格也便宜，每只3.5元。这位女员工后来获得了这一年的年度创新大奖。

张润贤作为一名大学实习生，在空调三厂实习时，最初负责卫生工作，在做好本职工作的同时，他经常跑到生产车间，向车间的工人师傅们请教学习相关知识。当他看到工人们在进行水检漏工作时（空调生产的一道工序）紧张忙碌的样子，他就琢磨：能不能改变这种现状呢？经过反复研究，他发明了一个新设备——三通水检仪。大大提高了"水漏检工序"的工作效率，损耗也降为原来的1/3。凭着这种源头活力和创新精神，张润贤在同事中脱颖而出。

海尔的创新举不胜举。海尔员工通过创新，把自己的荣誉、事业、智慧和企业发展深深融合在一起。正是由于这些员工的创造性劳动，海尔每天都有新的进步和超越。

创新并不是高不可攀的事，每个人都有某种创新的能力。别以为我们既不是决策者，也不是精英，就与创新无缘。我们如果能立足自己的本职岗位，找准一个点，将最常见的只是平时被忽略了的事物做一些小改进，运用到我们的工作中，也许就能发挥巨大的作用。要坚信：创新不只是精英们的专利，我们也能创新！

某奶饮料公司每天都有大量的奶饮料出口到国外。出口到国外的奶饮料都要贴英文小标签，每个工人一天8小时只能贴300箱，那么一批6000箱的出口奶饮料每天要20个工人贴英文标签，按每人每天35元，公司每天发放贴标签的工资就要700元。

过去他们是这样贴标签的，在封箱前，将奶饮料从流水线上搬下来运进仓库，然后贴标签的工人在仓库里将奶饮料从箱中取出来，并在每一排饮料上贴上不干胶英文标签，最后手工封箱叠包。这样一来，单单贴标签就要花不少时间。奶饮料公司每月都有十几个集装箱的货物出口，而国外的客户往往货物要得很急，从下订单到发货之间的时间都很短，因此，提高出货速度成为公司亟待解决的问题。为此，奶饮料公司发动全体员工来想办法提高出货速度。

后来，一名员工从儿童玩的卡片中受到启发，将不干胶做的英文小标签改成铜版纸，减少长度，增加宽度和厚度，这样的标签成本反而减少了一半。只要产品进入大膜机前，由操作工在放塑料吸管的同时放上一张英文小标签，待大膜收缩封口后，英文标签就被牢牢固定在每排饮料上……这一小小的创新之举，不但降低了出口成本，同时还大大提高了出货速度。

上面的事例说明，一个创意可能实现对整个企业持续不断的改善，从而获得巨大的成效。虽然每一个细节看上去都很小，但是一个小变化，一个小改进，就可以创造出更加优质、更加完善的产品、工序或服务。而这种创新却是简单的，让人一看就懂：原来是这样，我怎么没有想到！

小发明、小创新常常会解决大问题，特别是一线工人，由于处于生产的最前沿，因而他们的创新和发明更多的是着眼于实际，着力解决生产和生活中遇到的各种问题，为企业带来效益，也为员工带来了人生的辉煌。

每个人都有超出自己想象的创造潜能，只要善于开发，人人都能当上创新的能手。在现代企业里，你越有创新能力，就越有核心竞争力，你对企业的贡献也就越大。

创新为企业创出高效益、为自己创出职业辉煌

比尔·盖茨曾说："好的创意如原子裂变，每一盎司的创意都会带来不计其数的商业利润。"

现代商场竞争激烈，公司要从众多对手中胜出，最重要的手段之一就是不断有新的创意以提高管理效率，降低生产成本，扩大企业声誉。很多公司中非常经典的创意都是公司内部员工为企业完成的，当然"投之以桃，报之以李"，他们也因为出色的创意而深受公司器重，并得到丰厚的回报。

2005年，《科技日报》等媒体曾报道过这样一个员工，他叫邓建军，是江苏常州黑牡丹（集团）股份有限公司的高级技工，被江苏省劳动和社会保障厅特批为高级技师，还破格晋升为高级工程师，月薪8000元，享受政府特殊津贴。邓建军还是新世纪全国首批七位"能工巧匠"之一，是全国职工职业道德建设十佳标兵，曾两次受到中央领导人的接见。

是什么让邓建军在一个普普通通的岗位上，获得如此众多的荣誉呢？这得益于他通过创新，在平凡的岗位上做出了令人刮目相看的成绩。

邓建军刚参加工作的那几年，正是中国纺织企业告别传统"金梭银梭"的年代，国内企业特别缺少机电一体化的技术工人。邓建军凭着自己的努力，最终成为新时代的技术工人，成长为一名优秀的员工。

有一次，黑牡丹公司有一批进口剑杆织机急需改造，邓建军兴冲冲地接受了任务，但到现场看了之后才知道：几十台机器的各种电气线路如一团乱麻，机器的图纸也找不到。区区一块线路板上就有两千多个点需要一一测试、分析、测算。要想改造这些进口机器，任务十分艰巨。但邓建军没有被眼前的困难吓倒，他从最基础的制图工作开始做起，每天蹲在机器边14个小时以上。经过邓建军的一番创造性的努力，他终于将这些机器改造好了，为企业节省了大笔资金。

工作20多年来，邓建军始终将为企业创造效益当做自己工作的使命，并把为企业创造效益当做自己义不容辞的责任。

2002年，国际上流行一种叫做竹节牛仔布的特殊新品种面料，即用经线打出一串串的结，就像在布料上织出了一根根竹子，许多国家的年轻人都以穿上用这种牛仔布做成的服装为时尚。

8月份，公司又接到了日本和美国等国家的一批大订单，可是公司原有生产这种布料的几台进口分经机生产能力有限，产量上不去。一个个催货电话，催得公司老总着急上火，坐立不安。

如果不能按时交货，不仅要付违约金，更要命的是，这种品种在当时牛仔布产品中占到了70%的市场份额，不能按时交货也就意味着将这一大块市场白白送给了别人。而增加生产能力的唯一办法，就是增加机器的数量。问题是这种进口机器11万美元一台，成本太高。不过降低成本也不是没有办法，这个办法就是自己制造机器，每台机器的成本只要11万元人民币。

公司紧急决定，尽快制作4台机器，机器的机械部分由机械厂制作，电气部分全部由邓建军设计、安装和调试。

接到任务时，邓建军已经胸有成竹，因为他对这种机器非常熟悉，也已经早早就设计出了电气部分的电路图。

邓建军找来科研组的徐文虎、杨文俊、姜永强等30多个小伙子，编程序、布线、安电路、装辅助设备、调试机器。30多个小伙子分成两班，在高温闷热的车间里，12小时一换，饿了到厂门口的小饭馆随便吃一点儿，被蚊子叮得受不了了，就买几盒避蚊油抹一抹，连着三天两夜，硬是在最短的时间内，将4台机器全部安装完成，保证了按时交货，乐得客户接着又签订了800万美元的订单。

有人说，邓建军解决的大多数难题都是国家级的，几十年来他对设备进行的改造和革新，为企业创造出的价值有几千万元。对此，邓建军说："这些我从来没有统计过，我只是出于责任心，用心来做好这些事。"

如果邓建军是一个没有责任感，不为企业着想的员工，工作多年的他也会像很多普通员工一样，依赖着公司，却没有办法为公司的前景使上一分力。但邓建军不同，他凭着热情和才华，对工作全力以赴，为企业创造了效益，也迎来了自己职业生涯的辉煌。

开拓、创新是企业活力的源泉。具有开拓创新能力是优秀员工的重要标志。作为企业发展的智慧源泉，员工有责任要求自己在工作中融入创新元素，从而更为出色地完成任务。

阅读思考：

（1）李嘉诚"后生可畏"的感慨给了我们什么样的启示？

（2）你是邓建军式的员工吗？你觉得与他相比还存在哪些差距？你打算怎样去缩小这种差距？

（3）为什么说"人人都可以创新"？在工作中，你有过哪些创新？这些创新是不是给你所在的公司创造了效益？

⑦

捕捉有价值的信息，为公司的未来发展导航

当今世界，是信息时代，无论哪一个企业，要在严峻的市场竞争中保持优势，必须"眼观六路，耳听八方"。一个企业如果内外信息不灵，或是忽视信息的开发和利用，就会对企业的发展和壮大造成不可估量的影响。

企业要保持活力，需要那些善于捕捉对企业发展有价值的信息的员工。在这个信息时代，一个人能否取得成功，往往取决于他搜集信息、运用信息的能力。因为现在的工作很多都是需要信息来辅助的，没有信息就很难完成工作。比如在说服上司或订立计划的时候，你需要有市场现实状况、市场趋势分析、公司内部需求等多种翔实信息，才能够使你了解全盘情况，或与上司做深入的探讨，或合理订立计划，而这些都必须靠不断地获取信息来实现。

在现代职场上，能否准确把握信息和处理信息，能否有效地运用信息，是决定一名员工能否取得成功的重要因素。优秀的员工善于捕捉有价值的信息，为公司的未来发展导航。

多掌握信息，给老板当好参谋

信息是预测和决策的"原材料"。无论是问题的提出、分析、预测还是方案的拟订、评价和选择，都是以有关信息为依据进行的。预测和决策中的任何一个阶段都离不开信息。

在社会发展到如此复杂而且多变的今天，信息量已经爆炸性地剧增，信息对于预测和决策的意义就显得更为重要。今天的员工所面临的问题往往十分复杂，牵涉的因素很多，需要大量的信息才能做出正确的分析与判

断，只有这样才能给老板当好参谋。

如何在纷纷繁繁的各种喧嚣声中寻找到你所需要的信息，是每个员工必须解决的问题。今天所缺的不是信息，而是缺少慧眼识信息的人才。作为员工的你只要做个有心人，时刻注意听、看、读、问，电视、电台、书报和周围的人那里就有信息的金矿等待你去发掘，在必要的时候还需要做有重点、有目标的搜索。

现代信息资源丰富多样，正确选择利用信息无疑是好员工的一项基本功，学会选择利用信息更是搞好生产或从事经营的一个基本要素。在大量的信息资源中，要选择与自己所从事的行业相关的信息，这就要求做到：摸得准，吃得透，来得快！

（1）留心观察，挖掘到自己要寻找的信息。信息就跟空气一样，无处不在。在实际中，不是缺少信息，而是缺少发现信息的眼睛。任何时候，我们都必须利用自己敏感的神经，不放过每一个可能有用的信息，哪怕是一点一滴的小事，只要留心观察，都有可能挖掘到自己要寻找的信息。

某年12月18日，即圣诞节前夕，在一辆从芝加哥开往旧金山的火车上，不管是男人还是女人，都不约而同地将目光投向一位穿着圣诞礼服的年轻女郎身上。那位女郎不仅人长得漂亮，那身得体合身的礼服更是惹人注目，将她衬托得楚楚动人，许多女人忍不住好奇心，特地向她打听礼服是在哪买到的。

坐在同一车厢的美国曼尔登公司的一位业务员，看到这种情形，灵机一动，觉得商机来了。虽然离圣诞节只有一周的时间，但这一周却是销售圣诞礼服的最佳时期，如果公司能在圣诞节之前推出这位女郎穿的这种圣诞礼服，那一定是最抢手的热门货。想到这里，这位业务员便礼貌地对女郎说："我可以给你拍张照片吗？"那位女郎欣然应允。拍完照片后，那位业务员便中途下车，把这一信息反馈到公司，要求公司务必在12月23日前，向市场推出1万套这种礼服。

12月22日，1万套"圣诞节金装女郎"礼服一上市，便引来了女性消费者的兴趣，你一套我一套，争先恐后地购买，到圣诞节的那一天，已全部销售一空，曼尔登公司狠狠地赚了一大笔钱。

敏捷的人绝不会放过任何一个可利用的信息。哪怕这个信息是一个影子，他也会牢牢抓住不放。"金装女郎礼服"成功的经验说明，善于观察日常生活，捕捉市场信息，就能把握好为公司赚钱的机会。

（2）主动及时地捕捉信息。你要养成主动捕捉信息的习惯，也就是培养对信息的敏锐观察力，只要有信息出现，你就捕捉并贮藏起来。当然，要注意信息的时效性，也就是及时捕捉到最新信息，因为一条旧信息往往没有利用价值，而一条新信息往往蕴藏着通往成功的机遇。

你可以从各种媒体上收集，比如报刊、广播、电视、网络等，也可以做市场调查，还可以主动向别人探询信息。

多年前，一位日本人在美国人家里租住房子。这位租客每天不上班，也不做事，就是与当地的美国人在一起聊天，参加一些他们的活动。不同的是，这位日本人每天都要记日记，把看到的，听到的一一记录下来。连同美国人的生活习惯，喜欢吃什么，喝什么，看什么等。

日本人走后不久，丰田公司推出了一款新颖的价廉物美的旅行车，这款车是针对当时美国家庭需求而设计出来的，因而大受欢迎。比如，美国男士喜爱喝玻璃瓶装饮料，丰田设计师就专门在车内设计了能冷藏并能安全放置玻璃瓶的柜子。诸多细节，不一而足，良苦用心，可见一斑。

原来那个日本租房客是丰田公司派去专门了解美国家庭日常生活信息的，以便公司能更具针对性地研发适合美国人的汽车。

（3）对信息要敏感。成功的人，对任何事都抱有好奇心，在搜集信息时，能对事物保持一定的敏感度。这样就能捕捉到对自己相当有用的信息。

1975年的一天，美国一家肉类加工厂的经理纳杰夫在报纸上一个不引人注目的地方看到一条短讯，说的是墨西哥某地的生猪发生了疑似瘟疫病例。看到这条信息后，纳杰夫就想，如果墨西哥的生猪真的发生了瘟疫，那么与墨西哥相邻的加利福尼亚州和德克萨斯州边境也会受到瘟疫的传染，这两个地区是美国肉食供应的主要基地，如果发生疫情，肉价一定会猛涨。

为了求证这个消息的可靠性，他马上打电话给一位朋友，请朋友替他到墨西哥去一趟，了解一下那里是否真的发生了猪瘟。

当他得知墨西哥确实发生了瘟疫时，赶紧制订了一份详细的采购计划，希望公司全力以赴购买加州的肉牛和生猪，囤积在美国东部地区。他的这一建议被董事会采纳，一致同意按照纳杰夫的计划去行动。两个月后，瘟疫蔓延到了美国西部的几个州，那里的牲畜包括肉制品在内，被政府下令禁止销售，这几个州的一切食品都要从外地进货。一下子，肉类成了紧俏货，价格暴涨，此时，纳杰夫的公司立即把囤积在东部的肉牛和生猪高价出售。结果，在短短的几个月内，公司便净赚了5000多万美元。纳杰夫因为提供信息及时有功，被公司奖励50万美元，并被提拔为公司的副总经理。

在信息时代，无论你从事什么工作，都离不开媒体提供的各种信息，只要你有心去搜集，去辨别，就会从中捕捉到有用的信息，找到商机，为企业也为自己开辟一条致富捷径。

（4）对信息进行多角度分析。对你捕捉到的信息，要进行多角度的分析，辨清哪些是正确的，哪些是错误的，哪些是有用的，哪些是无用的，而且要从平凡的事物中发现不平凡的内涵。一条信息，往往本身对自己公司并没有多大应用价值，但经过联想分析，便可从中发现为我所用之处。日本的"尼西奇"公司之所以能由一个濒临破产的小企业成为誉满全球的"尿不湿大王"，就是因为该公司一个员工从一份人口普查资料上看到了全国每天出生250万婴儿的简单数据。因此，要善于收集各相关信息、数据，为老板决策提供参考、建议。

有什么样的信息，就会做出什么样的决断。通过提供真实、新鲜的第一手资料，能在很大程度上影响甚至改变老板的决策。将老板从繁杂的运营琐事中解放出来，全方位为老板决策提供准确信息，是一个优秀员工的职责。

及时有效地运用信息，做驾驭信息的高手

不论是什么信息，也不管它有多大的价值，如果不能消化吸收，不能加以有效运用，那永远只能算是一堆废物，对于你的成功将毫无帮助。

信息是有价值的，信息的内容是否清晰固然重要，而更可贵的则是及时抓住信息的人。在商业活动中，不是所有的信息都能直接被使用，要想体现信息的真正价值，往往需要依靠信息持有者不懈的挖掘和追踪。

中国台湾"天作实业公司"的女老板周玉凤，从报纸看到这样一条信息：科威特由于完全是沙漠，每年需要进口大量泥土种植花草，美化环境。

这是一条简单的消息，人们往往一晃就过去了，可是这却启发了这位有经商头脑的老板，她认定小草可作商品，它会比泥土更有发展前途。于是，她投入资金，请科研部门和专家协助研究一种可不需泥土种植的小草。不久，果然获得成功，小草成为了天作实业公司的生财之道，发财之源。

天作实业公司研究出来的小草，准确地说，应为"植生绿化带"，是一种可以大量生产的标准化草皮。它的构成，首先是用化学纤维与天然纤维制成"非织造布"，然后把青草种子和肥料均匀地洒在两层"非织造布"之间，卷成一卷，再把它包装好，由商店进行零售。

用户在使用时，只要把这些"非织造布"铺在地上，敷上一层薄薄的泥土或稻草秆，每天洒水保持湿润，不用一个月的时间，这些地毯般的"非织造布"就会长出绿茸茸的小草，这与在泥地上种出的草坪毫无异样。这种"植生绿化带"优点很多，它可以到处"种植"，不管在土地上或沙漠上，乃至楼宇的顶屋阳台，只要把"非织造布"铺开和保持湿润，

绿草就会如期长出来。它既可以防止洒水时把草种冲走，又能保持水分使小草均匀成长，成本低，成活率高，几乎达到100%。正因为它比泥土种植草坪优越，所以很受建筑商和用户欢迎，一上市，生意就十分兴隆。

天作实业公司在试制成功后，沿着信息提供的方向，派员到科威特、沙特阿拉伯、阿联酋等寸"土"难得的国家去销售这种"非织造布"，并在当地进行"植生绿化带"的示范种植，宣传它可以美化环境，见效迅速，还有定沙、防沙的优良特点。经过三个月的销售活动，很快被当地人信服了，连酋长和王子都得意地称这种产品是"台湾创造的现代神毯"。

现在，天作实业公司的小草生意越做越大，来自世界各地的订单应接不暇，利润如潮水般涌来。

美国前总统卡特说过："对于我们，信息就像阳光和氧气，它点燃创造智慧的火花，它照亮了通向未来的道路。"

在现代职场，不善于利用信息，光靠拍脑袋、拍胸脯，干了再说是不行的。没有树立起信息观念，要想在职场上有所作为几乎是不可能的。所以，我们要善于捕捉各类有用的信息，并准确判断，正确分析，有效地利用取得的信息。这样，我们才能成为驾驭信息的高手，才能让信息成为企业和自己成功的法宝。

阅读思考：

（1）信息就是金钱，你会捕捉并善用信息吗？请逐一举例说明。

（2）你有自己的信息网络吗？你如何捕捉有用的信息？你如何通过有效运用信息为公司的发展出力？

第七章

你为公司创造财富，公司为你创造未来

①

把为公司创造利润当做自己的使命

大部分公司都有自己的企业目标，而实际上企业的目标就是一个——创造利润。

一个企业，生存和发展的唯一理由就是创造利润，有利可图是一个企业运营的意义和目的。对于在企业工作的员工来说，劳动是谋生的手段，只有通过劳动，为企业创造价值，企业有赢利，员工才能获取报酬，才能有稳定的生活保障。

老板在成立一个公司的时候，是必须投入一定资本的。资本的本性就是攫取利润，或者说使公司利益最大化。所以，作为公司里的一名员工，就要为公司创造利润。

不仅有为公司赢利的观念，更要有为自己赢利的观念

无论竞争多么激烈，公司总有一个"岗位"永远缺人，缺真正能为公司和自己赢利的人。

千寻万觅，李莉好不容易被聘到一家销售厨房用具的公司，试用期1个月。试用期内没有底薪，工资按销售额的20%提成。

一套厨房用具的定价是2800元，这在收入较高的大都市并不是一个大数目，但因为市民对销售的反感及对销售员的不信任，连续一个星期辛苦下来，李莉竟没有签到一份订单。与李莉同时进公司的19位同事中，有两个顶不住，主动辞职了。另外两个同事则搞起了降价销售，最低时卖到2300元。价格毕竟是最具竞争优势的，更何况厨具质量确实不错，同事的订单果然陆续而至。于是，其他同事争相仿效，一时间价格一片混乱。好

几次李莉说服了客户，最终却因为价格原因而不能成交。

试用期满后，大家再一次聚在会议室里，李莉是最心虚的，因为她只有2份订单，而其他同事少则10份，多则30份。

总经理对他们说："经过公司研究，决定在你们当中录取一人，被录取者底薪800元，住房补贴200元，销售额按20%提成。"李莉十分沮丧，知道自己肯定没希望了。

当总经理宣布李莉被录取时，不仅同事，连李莉自己都深感意外。几位同事愤愤不平，总经理微笑着说："她只有2份订单，但是，她的2份订单都是按公司定价签下的。公司早有规定，不得抬价、降价，我希望我的员工能忠于本公司。还有，公司的定价已经全面考虑了员工和公司的利益，为了争取订单而不惜丧失自己该得的那部分利益，这也许并没有什么大错，但你们辛辛苦苦工作为了什么？我希望我的员工认识到自己工作的价值，不仅有为公司赢利的观念，也要有为自己赢利的观念。"

任何一家公司都希望员工在为公司努力创造利润之时，也能够为自己创造利润。作为一名员工，要时时以公司经营绩效为己任，努力为公司创造利润，伴随公司成长而成长。

美国惠普公司创始人比尔·休利特和戴夫·帕卡德强调：只有在员工为公司创造出丰厚利润的条件下，他们的奖金和工作才能得到保障。公司只有实现了赢利，才能把赢利拿出来与员工分享。

以为公司创造财富为己任

赢利是任何一家在市场中生存发展的公司的根本目的，创造最大的财富，是公司老板和所有员工一致的目标。作为员工，一定要以为公司创造财富为己任。

尤其是那些业务部门的员工，要时刻考虑怎样抓住商机、怎样开拓市场、怎样扩大产品宣传；要时刻思考自己的工作行为到底与公司赢利这个大目标有多少距离；还要时刻思考自己为公司创造财富的确切数量。要将为公司获取财富作为自己的天职，全神贯注、全力以赴。

《新约·马太福音》里有这样一个故事，说的是一个主人要出趟远门，临走前，他把三个仆人召集起来，按照各人的能力，分别给他们不同数目的银子。

后来，主人回来了，他把三个仆人叫到身边，了解他们经商的情况。

第一个仆人说："主人，你交给我5000两银子，我用它已赚了5000两。"

主人听了很高兴，满意地说："善良的仆人，你对我很忠诚，又有才能，我要把许多的事派给你管理。"

接下来，第二个仆人说："主人，你交给我的2000两银子，我用它赚了2000两。"

主人也很高兴，赞赏地说："我可以把一些事交给你管理。"

第三个仆人来到主人面前，打开包得紧紧的布袋，说："尊敬的主人，您的1000两银子还在这里，我把它埋在地里，听说你回来，我就把它挖了出来。"

主人很不高兴，沉着脸对这个仆人说："你浪费了我的钱！"于是收回他这1000两银子，给了第一个仆人——现在手里已经有10000两银子的仆人，说："凡是有的，还要加给他，叫他有余。没有的，连同他所有的，也要夺过来。"

第三个仆人认为自己做得很好，虽然不像那两个仆人一样，使银子增值了，但他也没有丢失主人给他的1000两银子，而且还是原封不动地好好保存着，应该很好地完成了主人交代的任务了。然而他的主人却不这样认为，他希望自己的仆人表现得更杰出一些。

这就是著名的"马太效应"。如果老板出于信任，拨一笔资金让你经营一个项目，你首先不能使公司亏本，而且必须要让自己创造出高于启动资金几十倍的财富来，如此你才算尽到了自己的天职。

对马太效应故事做深层次的解析，可以得出这样的结论：一个员工不仅要守护银子的安全，还要使银子增加到更多；不仅要把工作做完，还要力求把工作做到更好，为公司创造财富。用什么样的态度对待工作，结果会是天壤之别。把为企业创造价值当做自己的使命，并付诸实践，就会推动公司不断地发展。

今天的商业社会还处于一个"利润至上"的阶段，每一个公司为了生存和发展不得不秉承这一原则。作为公司的一员，千万不要以为只做一个听话的员工就够了，因为这仅仅是一个方面的要求。想方设法为公司创造财富才是最重要的。因为公司请你来就是希望你能够为公司创造价值、把创造利润作为最重要的目标。

公司利润大小关系到个人收入的多少，而幸福美满的家庭生活需要经济支撑保障，每个人、每个家庭的命运都和公司的命运紧密相连。我们拥有的一切美好生活都源于对公司真诚的付出。

阅读思考：

（1）"企业只有赢利，才能生存和发展，员工才能获得相应的报酬"，对此观点，你是如何认识和理解的？

（2）你打算通过何种途径为公司创造更多的利润？

（3）"马太效应"能给你带来什么样的启示？

❷

你为公司创造价值，公司为你创造未来

价值？何为价值？现在是21世纪，我们听到最多的一个词就是"价值"。在21世纪的今天，价值无论是公司对员工，还是员工对自己，都是一种定性要求及鞭策。

我们能为公司创造多少价值？其实这是一个很难回答的问题，也是一个值得深思的问题！

对一个公司员工来说，首先看他想要什么，以一种什么样的心态去做这份工作，想通过这份工作得到什么。心态有差异，创造的价值也有所区别。如果说只为上班而上班，那他的思想里所包含的东西就很简单，做好日常安排的工作，就万事大吉了，不会想到公司的现状及今后的发展，这样他在公司里所创造的价值或许可以用有形的数字来体现，但却没有涵盖更多无形的东西。

一个优秀员工，不会每天像机器人一样只知道做好日常事物，他应该对自己的所言所行有更深一层次的方向性追求，应该有所思、有所虑。

一个人要获得老板的重用，首先必须能为企业创造价值，创造利润。公司与员工之间是共赢关系，员工给公司创造价值，公司给员工创造未来。

你所创造的价值对公司有多重要

每个人都在为公司创造价值，只是有的人为公司创造的价值高，而有的人创造的价值低，我们不妨看一下，自己对公司而言，属于哪一种？

（1）为公司创造的价值非常高，公司离不开你。如果你离开公司，公司会受到很大的损失。

（2）为公司创造的价值一般。公司有你没有你都一样。如果你离开公司，公司基本不会受到什么损失，而到人才市场，很容易就招到比你优秀的员工。

（3）为公司创造的价值非常低，公司可能正在想办法与你解聘。

一个人要在公司取得老板的重用，首先必须能为公司创造价值，创造利润。一个公司能发展，是因为公司的目标不断达成的结果，如果老板或上司布置的任务员工无法达成，那公司是没有办法发展的。

一名员工，在工作岗位上必须发挥自己的作用，完成自己的任务，创造价值。

一家企业要想赢利，唯一的途径就是为客户创造价值。企业如此，企业的员工也同样如此。无论是生产车间里的普通工人，还是活跃在市场第一线的销售人员，或者是总经理，他们都是凭借自己的价值来获得报酬的，必须把目光多放在如何为企业创造价值、增加收益上。

为企业提供"物超所值"的价值

安德鲁·卡内基曾经说过："一个不能给他人带来财富的人，自己也无法获得财富。你必须持续地为他人创造价值。"你不为企业创造价值，企业拿什么给你作为报酬？多劳多得，少劳少得，永远是这个社会的真理。

在21世纪，仅有"物有所值"是不够的，你一定要"物超所值"。什么叫"物超所值"？就是你所做的工作超过企业付给你的报酬。

日本经营之神松下幸之助曾经问他手下的一名员工："如果我付你1000元钱的薪水，那么你应该为我做多少事才对？"

员工回答说："你给我多少钱，我就为你做多少事，你给我1000元钱，我就做1000元的事。"

松下说："如果这样的话，公司是要开除你的，因为公司给你多少钱，你就做多少事，公司就没有利润了，不但没有利润，甚至还要赔钱，公司要你有什么用呢？公司给你1000元，你应该为公司做2000

元的事才对。"

松下在这里给他的员工上了一课：物有所值不够，要物超所值。

作为一名员工，如果拿老板一元钱的工资，就要为公司多贡献一元钱的价值，因为公司要发展，就必须赚钱，一个没办法为公司赚钱的员工就是公司的负担，当然也没有在公司待下去的理由。

作为一名员工，必须要问自己：老板请我来是做什么的？我有没有做到老板想要的结果？更要经常提醒自己：老板要的结果我做不到，还要老板找人帮我做的话，就违反了老板雇用我的初衷；如果我创造的价值不能超过老板给我的待遇，我就没有价值了，公司也会不需要我的。

任何企业没有利润就意味着倒闭。利润源自员工每一项具体的工作，所以合格的员工必须是能够给企业提供利润的人，更直白地说——企业只需要那些贡献大于工资的员工！要想让自己不被别人替代，我们应该为我们的公司和老板提供"物超所值"的价值和服务。

要知道，工资是用自己的时间、劳动和智慧交换来的，你的劳动就是一件属于你的商品。既然是商品，价格就有高有低，一辆普通汽车只能卖几万元，而一辆豪华汽车则能卖到几十万元甚至上百万元，就是因为这两种商品的价值不一样。人和商品所不同的是，商品的价值相对不变，而人可以运用自己的智慧和努力成百上千倍地提高自己的价值。所以，你在抱怨公司、抱怨老板给的工资太低之前，先向自己诚恳地提出一个问题："我为公司和老板创造了多少价值？"

阅读思考：

（1）你是那种拿多少钱就干多少活的人吗？你所在的公司里有没有这种人？你是怎样看待这种人的？

（2）公司付给你3000元工资，你给公司做了多少钱的事？你为公司和老板提供"物超所值"的价值了吗？

③

维护公司的利益，就是维护自己的利益

在市场经济时代，商品意识充斥着每一个人的大脑，很多人都在为自己的利益着想。对于公司这样一个团体来说，普通员工也好，管理者也好，如果只为自己的利益而不为公司的利益着想，那么公司将难以生存，更难发展壮大。

作为一名员工，你应该认识到，公司的利益高于一切。在任何情况下，员工都必须把维护公司利益当做首要任务。

公司利益是实现个人利益的基础，它与员工利益紧密相连、相辅相成。公司能否实现持续发展，直接关系到员工利益能否实现，只有公司的利益得到了保障，个人利益才有可能得到相应的保障。所以从这个角度来讲，维护公司利益就是维护员工自身的利益。

维护公司利益包括许多方面，比如顾全大局、维护部门利益、坚决抵制破坏公司利益或公司形象的行为、正确处理个人与公司利益的关系等等。

维护公司利益是基本的职业道德

维护公司利益是一个员工必须恪守的基本职业道德。古人云："修身齐家治国平天下。"一个优秀的员工也应该如此，将维护公司利益作为基本的职业道德，是修身的重要组成部分。

维护公司利益不仅是基本的职业道德，也是员工道德水平的集中体现。

一家大型销售公司，投入了巨大的人力、物力和财力，筹建自己的数据库开发和网上销售工作，并聘请了一个比较专业的技术总监来负责这个项目。为了使这个项目早点实施应用，老板也给了技术总监不菲的报酬。

但谁也没有料到，在项目进入技术攻坚阶段时，技术总监却突然宣布辞职，除非公司付给他比现在多两倍的报酬，否则他将带着现有的科研成果到别家公司去。事实上，他的报酬已是本行业最高的了。

这个技术总监给老板出了一道难题，是留好还是放好呢？如果技术总监就此离开，意味着前期付出的人力、财力和物力都泡汤了，整个项目将半途而废，如果技术总监把现有的成果卖给同行业的竞争对手，那么公司的损失将会更大；如果留住这个总监，公司就必须满足他的加薪要求，虽然公司有能力做到，也不在乎加这点钱，但是，对于这种只注重自己利益的人，如果继续留在公司，以后势必会给公司造成更大的威胁。两害相权取其轻，最后，公司决定放弃这个技术总监。

对于公司来说，更看重的是能够忠诚地维护公司利益的品质，其次才是能力。

维护公司利益是现代公司判断和衡量员工的基本准则。一名员工如果不把公司的利益摆在首位，哪怕他有再大的能耐，也不能算是优秀的员工。一个时刻只为自己着想的自私的人，是难以取得大成就的，最终也会被公司所抛弃。

当个人利益与公司利益发生冲突时，我们千万不能为了个人私利而置公司利益于不顾。为个人利益而不顾公司利益，或许能够得到一时的好处，但就长远而言是非常不明智的。首先，为了一时小利而损害长远利益是极为短视的，这样做无异于"捡了芝麻丢了西瓜"。其次，为了个人小利牺牲公司整体利益，公司因此发展受阻的同时，也会波及员工自身。更重要的是，这样做有悖职业道德，严重破坏自己的声誉，于自己的前途不利。

只有永远将公司利益放在第一位的员工，才能获得公司的信任和重用，在实现公司整体利益的同时实现自己的个人价值。

关心自己的利益，更要关心公司的利益

现在一些公司的部分员工在认识上存在这样一个误区，就是总认为钱是公司的，即使损失点、浪费点，也是公司的资源，和自己没有多大关系，只要自己的薪水分文不少，何必操那么多闲心呢？

某大公司的一下属公司是个很有发展潜力的公司，但营运状况很差，业绩总是上不来。总裁经过多方了解后找到了原因，那就是这家分公司的三位高级主管只关心自己的利益，而常常忽略公司的利益。

总裁决定要改变这种状况。发薪之前，总裁交代财务部门，那三位高级主管的工资各扣500元，如果他们三人有异议的话，叫他们直接来找老板。

果然，发薪后，那三人因不满扣钱做法，便不约而同地跑来找总裁理论。总裁早就料到他们会来，正坐在办公室里等他们。

总裁严肃地对他们说："我看过你们的财务报表，发现上半年有好几笔不必要的开支，浪费了公司好几十万元钱，可是你们谁也没把这笔钱当做一回事，没采取任何补救措施。今天，你们每人的薪水只不过少发了500元而已，就急急忙忙地跑来要求找个说法，作为公司的主管，不关心公司的经济损失，只关心自己的薪水，你们不觉得心中有愧吗？如果公司亏损了，你们的薪水还有这么高吗？这个账你们算过吗？"

听了总裁的一番话，三位主管似乎有所感悟，回去后很快研究出加强管理的措施，严格了成本核算流程。

在一些公司里，总有这样的员工存在，他们对公司的利益漠不关心，而真正关心的只有一件事，那就是按时领到薪水，不损害到自己的利益。

每一名员工都应该明白，自己的工资收益完全来自公司的收益，因此，公司的利益就是自己利益的来源。"大河有水小河满，大河无水小河干"和"水涨船高"，说的都是这个道理。

顾全大局，把公司利益放在第一位

古语云："不谋全局者，不足谋一域；不谋万世者，不足谋一时。"这就告诉我们，看问题，办事情，都不能仅仅看到一时一事，而要善于从大局、从长远来观察和谋划。

大局就是关系到事物生存和发展的整体，也就是全局。顾全大局就是做决策、谋发展和考虑问题，要从全局出发、从长远出发，不能只顾眼前、只顾局部。

顾全大局，就是一切从全局整体利益出发，而不计较个人的得失。纵观当今公司，所有的公司都希望员工能将公司的利益放在第一位，希望他们在做事的时候能够顾全大局。因此，那些凡事都能从大局出发的人，才是公司和老板最需要的人。

正如"没有国，哪有家"一样，没有公司的发展，哪来个人的发展？公司利益与个人利益的关系是非常密切的，在根本利益上也是一致的，但在个人利益与公司利益发生冲突时，顾全大局的员工懂得以公司利益为重，把公司利益放在第一位，以牺牲自己的小利益来保全公司的大利益。

我们来看河南省煤田地质局网站上的一篇新闻报道：

2006年9月7日，河南省煤田地质局一队111钻机在某地施工时起拔套管遇阻，只见钻塔摇摆晃动，四股钢丝绳在哧哧地冒着油烟并发出咔咔的响声，钻探设备和人身安全受到严重威胁，钻机负责人立即打电话向处里请求支援！

接到请求后，工程处主管钻探生产的副处长阎小举和钻探工程师董师傅一起奔赴钻场。来到现场后，阎小举顾不上歇息，会同有关人员立即寻找解决方法。

时间一分一秒地过去了，到9月8日，已想了很多办法，套管却依然拔不出来。"500多米的套管对钻机和工程处来说也是一个不小的损失呀！"强拔不行，阎小举就和董师傅商议用千斤顶"顶"出来。9月9日，阎小举和机组人员一起挖沟、垫板、放千斤顶。放好后他亲自操作，不一会儿就满脸是汗……

9月9日下午，套管终于被千斤顶一点一点地"顶"了出来。他们一米一米地顶，然后一米一米地割。9月12日，500米的套管全部被拔了出来，国家财产保住了。然而大家不知道的是2006年9月9日至10日是国家安全注册工程师考试的时间，阎小举报了名却因为工作错过了考试。

国家安全注册工程师考试是两年一考，机会难得，如果通过的话，对于个人而言意味着机会、荣誉、地位和财富，许多人对他的缺考表示惋惜和同情。他却对此表现得很淡然，说："这次没考成，还有下次嘛，我处已经有两位钻探工程师去参加考试了，如果我再走，钻机怎么办？"

在个人利益与集体利益的抉择面前，阎小举选择了后者，他虽然错过了个人专业的国家考试，但却赢得了单位领导的赞赏和同事的敬佩。

做一名优秀的员工，就要培养自己顾全大局的意识。一个人只有把自己和集体事业融合在一起的时候才最有力量。一个懂得牺牲小我，顾全大局的人也必定是一个胸怀大志、有担当和睿智的人。因为他知道只有集体的利益得到了维护，个人的利益才有保障。

阅读思考：

（1）"维护公司的利益，就是维护自己的利益"，你认同这句话吗？请谈谈个人利益与公司利益之间有哪些相互依存的关系。

（2）为什么说"维护公司利益是基本的职业道德"？你会时时刻刻维护公司的利益吗？

（3）当个人利益与公司的整体利益发生冲突时，你会如何抉择呢？

（4）在大局面前，你能牺牲"小我"利益去保全公司的全局利益吗？

（5）扪心自问，你是一个将公司利益放在第一位的员工吗？

④

敢于挑战困难，为公司开拓更大的市场

　　企业在经营发展过程中，总会遭遇一些难题，在这些难题中，产品的销售是比较突出的，特别是金融危机的来临，使一些企业的订单日益减少，在利润已经降至最低点的情况下，如果订单不足，企业的日子将更难过，一些企业因此面临倒闭的危险。

　　一位企业家说："拿下每一笔有可能的订单，多一份订单就多一分胜出的筹码。"在企业普遍遭遇困难的今天，我们员工要做到不等、不靠、不抱怨，多拿订单，为企业拓展新市场，为企业的发展出一份力。

　　下面这个故事也许能让你得到启发：

　　卯木肇原来在一家石油公司工作，他的工作长期得不到重视，五年之内，连总经理都没见过一面。后来，索尼公司董事长盛田昭夫将卯木肇挖了过来。卯木肇来到索尼公司刚刚一个月，由于才华出众，被盛田昭夫亲自委派去非洲开辟市场。卯木肇先后到了南非、内罗毕、埃塞俄比亚、东非、苏丹、尼日利亚、乌干达、达喀尔和莫桑比克，在索尼公司非洲的几十个办事处进行过市场开发工作。卯木肇的非洲之行不仅使自己学到了许多新的知识，而且由于备受盛田昭夫的青睐，干劲十足，为索尼公司大规模渗透到尚未开发的非洲市场奠定了基础。

　　20世纪70年代中期，索尼彩电在日本国内已经很有名气了，但是在美国却不被顾客所接受，因而索尼在美国市场的销售相当惨淡。为了改变这种局面，索尼公司派出了一位又一位负责人前往美国芝加哥开发市场。那时的美国人认为日本货就是劣质产品。所以，被派出去的负责人一个又一个空手而回，并找出一大堆借口为自己辩解。

这时盛田昭夫十分着急，连忙整顿公司国际部，任命卯木肇为索尼公司国际部部长，并且要求他立下军令状：半年内打开美国市场。

当卯木肇风尘仆仆地来到美国芝加哥市时，吃惊不已，索尼彩电竟然在当地寄卖商店里蒙尘垢面，无人问津。卯木肇百思不得其解，为什么在日本国内畅销的优质产品，一进入美国竟会落得如此下场？

经过一番调查，卯木肇知道了其中的原因。原来，以前来的负责人不仅没有努力，还糟蹋了公司的形象，他们曾多次在当地的媒体上发布削价销售索尼彩电的广告，使得索尼在当地消费者心中进一步形成了"低贱"、"次品"的糟糕印象，索尼的销量当然会受到严重打击。在这种情况下，按常理来说，卯木肇完全可以回国了，并且可以带回新的借口：前任们把市场破坏了，不是我的责任！

但卯木肇没有那么做，他首先想到的是：自己既然被公司委以重任，就要担当起自己的责任，有所作为。那么，怎样才能打开新局面，让索尼彩电在美国大放异彩？卯木肇陷入了深深的沉思。

一天，他驾车去郊外散心，在路上，看到一个牧童正赶着一头大公牛进牛栏，而公牛的脖子上系着一个铃铛，铃铛叮当叮当地响着，后面是一大群牛跟在这头公牛的屁股后面，温顺地鱼贯而入……

此情此景令卯木肇一下子茅塞顿开，心情格外开朗，他想，一群牛居然被一个小孩管得如此服服帖帖，为什么？还不是因为牧童牵着一头带头牛。要是在芝加哥找到一家像"带头牛"一样的商店来率先销售索尼彩电，局面不就打开了吗？

找哪家商店来做"带头牛"呢？卯木肇想到了芝加哥最大的一家电器商——马歇尔公司。当卯木肇去见马歇尔公司的总经理时，递了两次名片，都被退了回来，理由是，总经理不在或外出了。其实是总经理不想见他。直到第三次卯木肇又去登门拜访才被总经理接见，但拒绝出售索尼产品。总经理认为索尼降价销售产品，形象不好。

遵照总经理的意见，卯木肇立即取消降价销售，并在报纸上重新刊登广告，重塑索尼产品形象。之后，卯木肇又去见马歇尔公司总经理，总经理说索尼的服务太差，依旧拒绝销售索尼产品。卯木肇立即成立索尼特约维修部，并刊登广告，附上特约维修部的电话和地址，并承诺24小时服务。

被总经理一次又一次拒绝的卯木肇哪肯就此罢休，他又施一计，让公司的所有员工每天拨5次电话到马歇尔公司询购索尼彩电。大量的电话让马歇尔公司员工误将索尼彩电列入"待交货名单"。这令马歇尔公司总经理大为恼火，这一次他主动召见了卯木肇，一见面就大骂卯木肇扰乱了公司的正常工作秩序。

卯木肇等总经理发完火之后，才动之以情地对总经理说："我这样做的目的，一方面是为本公司的利益，但同时也是为了贵公司的利益。在日本国内最畅销的索尼彩电，一定会成为贵公司的摇钱树。"

总经理被卯木肇的诚意打动，终于同意试销2台，但总经理提了一个条件：如果彩电1周之内卖不出去，立马搬走。

为了开个好头，卯木肇亲自挑选了两名得力干将，并下令如果1周之内这两台彩电卖不出去，就不要再返回公司了……

当天下午，两人就送来了好消息：2台彩电都卖出去了。马歇尔公司又追加了2台。到此，索尼彩电终于打进了芝加哥的"带头牛"商店。在短短的1个月内，竟卖出700多台。

在马歇尔公司这只"带头牛"的带领下，芝加哥的100多家商店都开始销售索尼彩电了。不到3年，索尼彩电就占领了芝加哥30%的市场，在美国其他城市的销售局面也打开了。

就这样，索尼彩电很快占据了美国市场，进而横扫全世界，成为彩电市场上的一大王牌。

卯木肇对索尼公司国际市场的拓展起到了重要的作用，回国后他即被安排到公司的重要岗位上——担任营销总监（CMO）。

卯木肇在公司困难的时候，不畏惧，不退缩，不找借口，满怀信心和希望，所以他取得了事业的成功，铸就了灿烂的人生。

在每一个企业里，都会有业务员被派往外地开拓新市场，如果都如卯木肇那样只找方法不找借口，又怎能不取得成绩呢？像卯木肇这样有计划、有步骤、有针对性地开拓占领"带头牛"式的大客户市场，企业才能迅速发展壮大，才能拥有更多的客户，取得更大的效益。

在企业遇到困难的时候，我们不能做缩头乌龟，要满怀信心地迎接困难，在工作中学会解决问题的方法和技巧，只有这样才能找到成功的秘诀。

作为员工，我们应该明白，为公司开拓市场、多拿订单，受益的不仅仅是公司，还有我们自己。因为，那些充满自信、不断挑战困难、开拓广阔市场的员工，总能得到丰厚的馈赠。

阅读思考：

（1）看完卯木肇的故事，你受到了哪些启发？

（2）你是一个敢于挑战困难，为企业开拓更大市场的一流员工吗？

⑤

做好服务，为公司赢得更多的客户

当今企业的竞争中，服务是一项不可忽视的重要内容。一般说来，在质量、价格基本相当的商品中，谁为消费者服务得好，谁的产品就卖得快、卖得多，谁就能占领市场。

"企业命系市场"是诸多公司的经营理念，这一理念已逐步深入人心。多数员工已经认识到：市场经济条件下，客户才是企业和员工的"衣食父母"。只有企业为客户提供超值的产品或满意的服务，得到客户的认可，企业和员工才能得到回报，才能生存和发展。

优质服务，让客户100%满意

企业成功的秘诀之一就是服务。现在企业的竞争，可以说就是服务的竞争。谁的服务搞得好，谁就能取胜。

在许多行业，客户可以在任何商店、公司或工厂里买到相同的商品。如果价格相同，客户在考虑从什么地方购买时，唯一可能起决定作用的因素就是较好的服务质量。

然而，诸多与公众打交道的员工似乎都没有认识到，客户购买他们的产品或服务的原因之一，是客户个人所受到的待遇。可以毫不夸张地说，许多企业得以生存和发展，依靠的不只是首席执行官或精力充沛的管理者的决策，而是企业接待人员、售货员、送货司机以及服务人员的行为。如果客户可以有诸多选择，为什么他要忍受冷漠、粗鲁，而去购买你的产品呢？在这种情况下，客户选择的将是"最好的服务"。

有人曾发出100−1＝0的感慨，100−1＝0是产品质量的不等式，即100件产品里，只要有1件不合格，那么这种产品的质量就不是100−1＝99，而是0了。

$100-1=0$ 这个公式，要求在质量上必须达到100%合格。

我们用 $100-1=0$ 分析产品质量对企业的影响，其实对服务来说，也存在着 $100-1=0$ 这样的问题。在服务业领域，如果客户对服务项目中的任何一项感到不满，那么他们的满意度不会因此按减法递减，而是全面否定服务，因为他不可能体验所有的服务项目。在客户看来，他体验的那个项目就代表了所有项目的服务质量。在市场竞争的环境条件下，客户不会当"回头客"，再消费这家服务商提供的服务。对这家服务商来说，其服务收益等于0。

福建的海山宾馆在服务质量上就以"$100-1=0$"这个公式来警戒员工。他们向员工们强调：入住海山宾馆的旅客只要有一件事对宾馆失望，就会使整个宾馆的形象受损，无论其他的事情做得多么周到，也无论其他的旅客多么满意。有一天，一位美国朋友从宾馆乘车去机场，人下车了，却把两串香蕉遗忘在车上。正在失望之际，只见宾馆的车飞驰而来，给他送来了那两串香蕉，美国朋友大为感动。香蕉虽小，但它向客户表明了自己能做到怎样的细致和周到。正是这些小事的累积，使得海山宾馆经济效益喜人。

根据系统论的原理，任何一个系统都是由相互作用和相互依赖的若干部分结合成的具有特定功能的有机整体。服务就是这样的一个系统，它的每个环节都相互作用、相互依赖，一荣俱荣、一损俱损。客户对整个服务中的任何一项不满意，都会给整体的服务质量带来否定。

服务工作的整体性以及服务质量的等级使服务质量的评定难以简单地进行。我们不能按歌坛比赛评委打分那样，"去掉一个最高分，去掉一个最低分，以取平均值。"因为，服务质量的最终评判人是我们的客户，他们的打分要么是满意，要么是不满意，即使打个感情分"比较满意"，也存在不满意的成分。我们只有让所有客户都满意，才能达到市场的要求。就像 $100-1=0$ 一样，只要一百个客户中有一个不满意，我们的服务质量就不能说没有问题。因此，要争取所有客户满意，一个都不能少。

英国航空公司所属波音747客机008号班机准备从伦敦飞往日本东京时，因故障推迟起飞20小时。为了不使在东京候此班机回伦敦的乘客耽误行程，英国航空公司及时帮助这些乘客换乘其他公司的飞机。共190名乘客欣然接受了英航公司的妥当安排，分别改乘别的班机前往伦敦。但其中有一位日本老太太叫大竹秀子，说什么也不肯换乘其他班机，实在无奈，原拟另有飞行安排的008号班机只好照旧到达东京后再飞回伦敦。

一个罕见的情景出现在人们面前：东京—伦敦，航程达13000公里，可是英国航空公司的008号班机上只载着一名旅客，这就是大竹秀子。她一人独享该机的353个座席以及6位机组人员和15位服务人员的周到服务。有人估计说，这次只有1名乘客的国际航班使英国航空公司至少损失约10万美元。

当008号班机在伦敦降落时，整个英国都轰动了，英国航空公司更是因此美名远扬。英航公司这种做法，是力争让每一位客户都满意。

如果你把握好一个客户，他会给你带来至少5个新的客户，如果你得罪一个客户，那么他会向至少20个客户抱怨，那样的结果可想而知。我国有句古话"好事不出门，丑事传千里"。我们不要以为99个都满意了，剩下的那一个不满意无关紧要。如果他将"丑事"到处传播，企业的声誉及经济效益就会蒙受损失。因此，争取所有客户都满意，是我们不懈的追求。

日本经营之神松下幸之助也说过："为1个客户衷心服务，你肯定会获得100个新的客户。"从事服务工作的员工必须认真对待身边的每一个人，因为每一个人的身后，都有一个相对稳定的、数量不小的群体。善待一个人，就像拨亮一盏灯，照亮一大片。

因此，只有让客户满意，最大限度的满意，我们的员工才有好的薪水，我们的公司才会不断地发展壮大。

让客户满意，更让客户感动

"让客户满意，更让客户感动"是一种全新的工作理念。这一工作理念以客户为中心，完全把客户放在首位，以让客户满意为出发点，让客户感动为工作标准，符合现代企业的生存和发展观，是一种崇高的经营境界。

只有真正做到了让客户满意，令客户感动，才能顺利实现经营目标。

有一个海尔员工在服务工作中的故事：

七月，青岛，天气特别炎热，海尔的某商场空调直销员刘玉华接到这样一个电话："我想选购那套MRV一拖三空调，而我丈夫出差了，天气又这么热，你们能马上给安装吗？"

忙碌的刘玉华开始并没有发现它的特殊性，因为电话购买空调的用户真是太多了。但是刘玉华却发现：电话里有小孩子的哭声。刘玉华立即回复道："放心吧，我们的安装人员会在半小时之内赶到。"

刘玉华放下电话，马上安排好了上门安装的专业人员。最后，细心的刘玉华又调派上一名女促销人员让她带上一盒崭新的痱子粉。

20分钟后，海尔的设计安装人员到了用户的住处，开始安装空调。这时女促销员发现女主人抱着的孩子一直哭闹不停，仔细一看，原来小孩的后背起了痱子。女促销员立即拿出带来的那盒痱子粉，轻轻给孩子擦上，其余的放在了孩子床头。大概是痱子粉让孩子舒服了许多，一会儿小孩便睡着了。

女主人被深深感动了："我本来只是想买一套空调，可是你们却给我带来这么多关照……"在感激之余，女主人把痱子粉的故事告诉了楼上的其他4家住户，4家住户先后都安装了海尔空调。小小的一盒痱子粉感动了"上帝"，换来了客户的认可。

从换位思考角度看那位女主人，她就是被海尔人的真心体谅、细心关怀所感动，并把自己的感动传递给自己的家人、邻居、朋友等。由此我们可看出：在同样的产品、同样的服务下，人们还是会选择自己心中喜爱与充满感激的品牌。

对我们员工来说，让客户满意是基本任务。唯有用心去感动客户，才能拥有客户的信任。我们每个人都应该牢记：我们能为客户做些什么，直到满意！我们还能为客户做些什么，直到感动！每个员工、每项工作都必须以客户满意乃至惊喜和感动作为最高标准。

增强服务意识，为企业注入活力

服务意识是指企业全体员工在与一切和企业利益相关的人或企业的交往中所体现的为其提供热情、周到、主动的服务的欲望和意识。即自觉主动做好服务工作的一种观念和愿望，它发自服务人员的内心。

服务意识有强烈与淡漠之分，有主动与被动之分，这是认识程度问题，认识深刻就会有强烈的服务意识；有了强烈展现个人才华体现人生价值的观念，就会有强烈的服务意识，有以公司为家、热爱集体、无私奉献的风格和精神。

对一个企业来说，服务意识不仅仅是第一线做服务和销售的员工所需要的，也应该是财务、采购、人力资源、工程维修、安全等职能部门甚至高层管理者所必备的。换句话说，企业的全部员工都应具有强烈的服务意识，而这恰恰是被很多员工所忽略的。

客户至上，服务为本，已经成为越来越多企业的发展理念。因此，员工应具备强烈的服务意识，以"为客户提供更好的服务"作为自己工作价值的提升标准，增强服务意识，让自己服务的客户达到满意最大化。

南航海南分公司全国青年文明号"含笑"乘务组的乘务员小艳常说："优质服务就是要对待旅客像家人一样，给他一个家的感觉，而家在每个人心中应该是快乐的，温暖的。旅客快乐了，我们也快乐。而我们快乐是为了给旅客带去快乐，追求旅客满意最大化就是我们的目标。"

事实上，她也是这样做的。很多乘坐过这一航班的旅客都对她热情周到的服务赞不绝口。她经常收到旅客的点名表扬，最多时在一个航班上就收到了40多张表扬卡。

在一般情况下，一个重视服务，不断改善服务品质，提高服务质量的员工总是更能得到上司的重用，升职与加薪的机会也会增加。

你的服务意识有多少，就会得到多少回报。如果你一点都没有，或是一点也不肯付出，工作散漫，以自我为中心，甚至孤傲自大，那企业怎么会把这样一个毫无服务意识的员工留在企业里呢？

作为一名企业的员工，你是否明白，服务意识应该牢牢扎根于你的内心深处？如果你已经成为团队的管理者，作为团队的核心，服务意识更是不可缺少的。企业是一个完整的系统，要使这个系统运转好，不管我们在什么岗位，都要做好分内工作。如果我们都能在各自的岗位上为服务对象多想多做，为企业多想多做，多一点服务的意识，尽力把自己的工作做到位，整个企业的工作自然能上台阶，企业自然会充满生机和活力。

阅读思考：

（1）谈谈"服务"对企业的影响？

（2）为什么说"客户才是企业和员工的'衣食父母'"？

（3）看了海尔员工在服务工作中的故事，你有什么感想？如果你遇到此类事情，你会怎样去做？

第八章

努力工作，才能为自己赢得美好的未来

① 今天工作不努力，明天努力找工作

现在，很多公司、企业，甚至有些地方的银行都在单位的墙壁上挂着"今天工作不努力，明天努力找工作"的条幅，但是，很多职员却对单位的做法明显持有抱怨态度，他们一点儿危机感也没有，工作效率非常低。

"今天工作不努力，明天努力找工作"，这句话现在已成为大众的"警世良言"。在意的人牢牢记在心里，并付诸行动，与其明天努力找工作，不如今天好好努力工作。

然而，非常遗憾的是，很多人工作时候不努力，总是在失业之后才恍然大悟，在找工作的艰难中才想到自己以前应该好好工作，但是，这已为时过晚。更可悲的是，很多人就这样陷入了"今天工作不努力，明天努力找工作"的恶性循环中，他们很少认为是自己错了，更多的是责怪公司和领导。

今天工作不努力，明天努力找工作，当然，有的人会想，此处不留爷，自有留爷处。一般来说，如果一个人在一个地方做不好工作，也很难在别的地方做好工作。这样的人注定不能由弱而强，只能是强者的"临时工"。

亨利和阿尔伯特是同班同学，两个人大学毕业后，恰逢英国经济动荡，都找不到适合自己的工作，便降低了要求，到一家工厂去应聘。恰好，这家工厂缺少两个打扫卫生的职员，问他们愿不愿意干。亨利略一思索，便下定决心做这份工作，因为他不愿意依靠领取社会救济金生活。

尽管阿尔伯特也十分看不起这份工作，但他为了生活不得不留下来。

可是，他上班懒懒散散，每天打扫卫生时敷衍了事。一次，两次，三次，老板认为他刚从学校毕业，缺乏锻炼，也同情这两个大学生的遭遇，便原谅了他。然而，阿尔伯特内心深处对这份工作抱着很强的抵触情绪，每天都在应付自己的工作。结果，刚干满了三个月，老板便彻底断了再姑息他的念头，将他辞退了。阿尔伯特只好又回到社会上，重新开始找工作。当时，社会上到处都在裁员，哪儿又有适合他的工作呢？他不得不依靠社会救济金生活。

相反，亨利在工作中并不在意自己的高等教育学历，完全把自己当做一名打扫卫生的清洁工，每天把办公走廊、车间、场地，都打扫得干干净净。半年后，老板便安排他跟着一些高级技工当学徒。因为工作积极，认真勤奋，一年后，他成为了一名技工。并且依然抱着一种积极的态度，在工作中不断进取，认真负责。两年后，经济动荡的局面稍有好转时，他便成为了老板的助理。而阿尔伯特此时才刚刚找到一份工作，是一家工厂的学徒。但是，他认为自己拥有高等学历，应该属于白领阶层。结果，他在自己的工作岗位上仍然干得一塌糊涂，终于在某一天又回到街头去寻找工作。

今天工作不努力，明天努力找工作。一个不轻视自己工作的人，工作中任何一件琐碎和不起眼的小事都会成为他成长和锻炼的机会，一个尊重自己所从事工作的人，他的未来必定充满希望。

企业作为一个经济实体，赢利是其生存之本。为此老板们常常要解雇那些不努力工作的员工，同时也要吸收新的员工进来。不管在什么时候，这种优胜劣汰的竞争永远都在进行之中，那些不努力工作的人，终将会被摒弃于就业大门之外。只有努力工作的人才会被企业留下，并获得更多发展的机会。

初入职场的新人，或是刚刚跳槽换了一个行业之后，一般拿的薪水都比较低，一部分人会因此而抱怨，觉得自己大材小用，感到委屈。其实，任何人的成功都是一步一步走出来的，是一个慢慢积累的过程，谁都不例外。所以，来到一个新的岗位，你要努力，努力做好自己的本职工作，还可以利用公司的平台，为自己充电，为自己将来更好的发展打下基础。你需要明白这样一个道理：现在的努力是为了未来的发展。

如今，已有越来越多的企业，都在单位的墙壁上挂着"今天工作不努力，明天努力找工作"这样的条幅，它不是一种装饰，而是为了让员工每天上班下班看到它。由此可以激励员工奋发向上，并时刻提醒员工：珍惜工作，努力工作。

对于我们每一位员工来说，无论在何种工作岗位上，都应该做到爱岗敬业。其实当我们踏进公司的那一刻起，我们的命运就同公司紧紧地系在一起。公司的兴盛衰败，与每一位员工的工作状况是分不开的。

"努力应对每一天的工作"，这不仅是一名员工对待工作的态度，更是减少后顾之忧，拓宽未来之路的最佳手段。

阅读思考：

（1）为什么亨利和阿尔伯特会有不同的处境？从这个故事中，我们能受到哪些启发？

（2）"今天工作不努力，明天努力找工作！"你认同这句话吗？你将这句话当做自己的"警世良言"了吗？

②

今天不吃苦，明天就辛苦

吃苦耐劳是安身立命之本，也是走向成功之基。小到一个人、一个家庭，大到一个国家、一个民族，无不如此。

古今中外，无论是彪炳史册的历史人物，还是各行各业的成功人士，无不具有吃苦耐劳的勇气和品格。

然而，现在的企业中，有一个问题很让领导层头痛，那就是新招来的员工吃不了苦，有些人在企业里干几天，甚至干几小时就辞职走人，缺乏坚定的意志。

一个知名企业家说：一个优秀员工要有吃苦耐劳的精神，现在有些青年员工，刚到企业时决心很大，可到最后总有一部分人被淘汰，而一部分人成为岗位操作能手。这是为什么？因为被淘汰的这部分人缺乏一种吃苦的精神。工作确实很辛苦，但美好的生活是靠我们用劳动去争取的。

现在，很多用人单位尤其看重员工是否具备吃苦耐劳的品质，比如，统一石油化工有限公司就要求员工有吃苦精神以及脚踏实地的作风，凡来公司应聘者公司会先给他一个拖把叫他去扫厕所，不接受此项工作或只把表面洗干净者均不予录用。他们认为一切利润都是从艰苦劳动中得来的，不能吃苦，就是隐藏在公司内部的"敌人"。

浪潮通软总裁王兴山曾在回答"什么样的员工是好员工"时说："什么是好员工，什么是不好的员工？我们喜欢什么样的人？我认为，对我们来讲，首先是真诚，第二是踏实肯干。"

王兴山说："好员工应该有一种吃苦精神，因为我们的客户很多都是全国性的客户，像中石油、中石化、中国航空集团、中国航天科技，而这些企业并不一定都在北京、上海，或者沿海发达地区，很多时候可能工作条件并不是很好。我们的员工要去服务，必须要到现场，所以有的地方可能没有飞机，没有星级宾馆，也喝不上咖啡。这时候，员工就要和客户打成一片，不仅肯干，而且能吃苦，让客户信赖你，用你的知识服务好客户，赢得客户的信赖。这种精神对我们IT企业是很宝贵的。"

有吃苦耐劳精神，是一个人成就事业的基本条件。松下幸之助说过："只埋怨工作辛苦，是不会出人头地的。没有辛勤，哪有成果？"

松下不仅自己靠这种吃苦精神闯出一番事业，在他当上老板之后，还告诫他的员工要有吃苦精神。在松下幸之助看来，不怕吃苦的员工，才是企业真正需要的人才。

吃苦耐劳是一个员工应该具备的基本素质，也是员工完成其本职工作的需要。正确认识和看待吃苦精神，就要把吃苦落实到行动中，要养成自觉吃苦的精神。所谓自觉吃苦，一是要有吃苦的思想准备，深谙"宝剑锋从磨砺出，梅花香自苦寒来"的道理，把吃苦当做磨炼自己的"磨刀石"，自觉投身于艰苦的生活和工作中，在磨砺中积累吃苦的精神财富。二是要自觉找苦吃。要挑艰苦的工作去做，并有意识地与苦为伍，敢于与艰苦的环境和困难较量。三是要以苦为荣，以苦为乐。一个能做到以吃苦为荣为乐的人，才能始终保持坚定乐观的态度，才能克服前进道路上的任何困难。

应该说，一个人要想有作为，就必须具备能吃苦的精神。

2008年09期《爱情婚姻家庭（冷暖人生）》中有一篇文章《世上没有白吃的苦》，其中写道：

大漠上，一位王公有大量的马匹和羊群需要照料，一个牧童显然不够，于是，他又找了一个穷人家的孩子帮忙。

主人安排瘦弱一点的那个孩子放羊，另一个强壮一点的孩子牧马。可是，当主人离开后，强壮的孩子逼迫瘦弱的孩子跟自己交换工作。因为马的食量大得惊人，牧马要跑很远的路，而且马的性子又暴烈，牧马显然要比牧羊艰难，瘦孩子迫于压力只好答应。

回家后，满腹委屈的瘦弱孩子把事情对母亲讲了。母亲安慰说："孩子，你可能从此要比同伴多吃一些苦，可是，一个人吃苦不会是无缘无故的。有的人因为前世享了太多的福，今生要受苦作为补偿，而有的人是在为今后的幸福付出，所以，你不要为吃苦而抱怨。"

懵懂的少年对补偿前世所得的说法一知半解，因而不以为然，但对现在吃苦是为今后幸福却兴趣十足，他不再为自己的工作烦恼。

从此，他每天要跑近百里的路到草原牧马，为了看好马群，他曾经被马踩伤过，从马背上摔下过，被暴雨淋湿过，饿肚子更是家常便饭。

与此同时，他的同伴只要将羊群赶到离住处不远的地方，就可以躲到草地上晒太阳、睡大觉。在这样艰辛的日子里，瘦孩子一天天健壮起来，骑马的技能也渐渐炉火纯青。

日子飞快流逝，牧马的孩子因为在马背上身手矫健，被主人相中做了护卫。再后来，他投身军旅，成为闻名一时纵马驰骋的将军。瘦孩子以前吃的苦终于换来了好收获。

而他放羊的同伴，到死都只是一个为主子做事的羊倌。

瘦孩子就是成吉思汗的御前虎将——哲别。

今天工作不吃苦，明天生活就辛苦。世上没有白吃的苦，每吃一种苦，你就为自己未来的成功辉煌积攒了一点儿本钱。

我们要学会吃苦，要在工作中找苦吃。机会和成功永远属于那些富有吃苦耐劳精神的人，而不是那些惧怕吃苦，一味等待机会的人。

重庆晚报《赢在职场》版的"职场精英"栏目曾介绍过这样一位"精英之星"：赵常均——重庆大顺食府、钓鱼城餐饮管理公司行政总厨。

赵常均的精英感言是：吃得苦中苦，才能在职场中站住脚。

在16岁那年，赵常均独自一人来到重庆，开始了厨师生涯。没有技术的他最开始在一家豆花店帮人推豆花。每天早上5：30起床开始用石磨推豆花；晚上，所有人都下班了，他还要做清洁，直到凌晨。从早忙到晚，无比艰辛。很多同事忍受不了如此的辛苦，纷纷离开了。当时赵常均也打起了"退堂鼓"。一天，他告诉老板："这活太辛苦了，我也想放弃。"

　　老板苦口婆心地对他说："现在是一个全新的科技时代，一个人要想在职场中成功，一是有丰富的科学知识，二是靠自己勤奋学习一技之长。"

　　对这番话有所触动的赵常均留下了。他忍着劳累，工作更加努力。后来一位川菜烹饪泰斗的得力徒弟陈贞良赏识赵常均的吃苦精神，收他为徒。从此他在工作中更加埋头苦干。

　　为了自己能在职场中站稳脚跟，获得更大的生存发展空间，赵常均除了不断向同行学习技能、改良、开发菜品外，还不断学习厨房管理知识。管理又是一门学问，会炒菜不等于能管理好厨房，他在有限的文化条件下刻苦钻研成本核算、人力资源等知识。

　　如今，赵常均对厨房的菜品开发、厨政管理、成本核算等每一个环节都已驾轻就熟。除把本酒楼的厨政工作打理得井井有条外，还经常被人请去进行专业考核与员工培训工作。他认为，能获得今天在职场的一席之地，最重要的就是要吃苦耐劳。

　　生活中很多时候，有的人看似比别人多吃苦，甚至是有点傻，其实最终受益的往往正是这些人。有的人偶尔也能吃苦，但一涉及个人利益，便轻易地放弃了，殊不知那放弃的，往往是自己非常渴望的机会。

　　具备吃苦精神，是一个人事业成功的基础。同样的学历，同样的环境，为什么有人能坚持下来成功了，有人却落荒而逃，是否具有吃苦精神是其中的关键。吃苦耐劳精神是成功的砝码，吃苦耐劳的人，才能取得成功。这是因为，苦吃惯了便不再把吃苦当苦，能泰然处之，遇到挫折也能积极进取；怕吃苦，不但难以养成积极进取的精神，反而会采取逃避的态度，这样的人当然也就很难成功了。

　　敢于吃苦，这是一种思想，一种行为，更是一种精神状态。小到个人，大到企业，吃苦耐劳精神的保持能使其受益终身。要知道，今天的辛苦，是为了更好的明天。

阅读思考：

（1）谈谈你对"吃苦耐劳精神"的认识和看法？

（2）赵常均的"吃苦"故事给我们带来什么样的启示？

（3）如何对待工作中的"苦"，你会把"吃苦"当成一种锻炼、一种进取精神吗？

③

今天努力工作是为了美好的未来

　　每一个成功的人，都有一个共同的特点，就是热爱自己的工作，在工作中勤奋努力。假如你热爱自己的工作，并希望通过它证明你的价值，实现自己的人生理想，那么只要你持之以恒，坚持不懈地努力，就一定能如愿以偿。今天你的努力工作，就是为了明天美好的生活。

　　许多人都知道，齐藤竹之助是世界首席保险销售员，也许没有人知道，他的成功是被一笔巨大的债务逼迫出来的。

　　齐藤竹之助57岁时参加参议院议员竞选，但竞选失败了，为此他欠下3320万日元的巨额债务。这笔债务对于一个57岁的男人来说不是一笔小数目，但他并没有灰心丧气。为了赚钱，他于1951年加入朝日生命公司，做了一名保险业务员。

　　齐藤竹之助进入朝日生命保险公司后，下定决心要成为该公司首席销售员。当时朝日生命保险公司大约有两万名保险业务员，年过半百的他要脱颖而出，谈何容易？

　　齐藤竹之助拜访的第一个对象是东邦人造丝公司。然而不巧的是，当时在朝日生命保险公司号称"日本第一"的老手渡边幸吉已经来拜访过该公司，齐藤竹之助感到了巨大的压力。

　　那天晚上，他回到家中，制订出一份详细的计划，第二天一早，他带上计划，再次拜访东邦人造丝公司。而后一连几天，他天天去打听情况。最终，由于那份出色的计划及热情的态度，使他拿到了与东邦人造丝公司2000万日元的合同，他为自己努力的结果而流泪。

　　在访问东邦人造丝公司的同时，齐藤竹之助还对其他行业的客户进行了访问，其中有一流公司的干部、中小企业的经理，还有家庭主妇等等。只要有一线希望，他就一个个地依次去销售。

为了一定要成为日本第一销售员的信念，他不顾生活的艰苦，从不退缩。工夫不负有心人，5年后，齐藤竹之助终于在朝日生命保险公司赢得了"首席销售员"称号。

这一年，他还清了所有借款，生活也逐渐富裕起来。这时，他已经62岁了。但齐藤竹之助并不满足于已取得的成绩，他没有退下来享清福，而是把职业和人生看成是一个不可分割的整体，他向自己提出了更高的要求——在日本85万名保险销售员中成为第一。

为了实现这一愿望，齐藤竹之助更加努力地工作，从早到晚，一刻不闲。早晨5点钟一睁开眼，立刻开始一天的活动：躺在被窝里看书，思考销售方案；6点半钟往顾客家打电话，敲定访问时间；7点钟吃早饭，与妻子商谈工作；8点钟到公司上班；9点钟坐最喜爱的轿车出去销售；下午6点钟下班回家；晚上8点开始读书，回想一天的工作，安排新方案；11点准时就寝。这就是齐藤竹之助一天的生活。

1959年7月，是朝日生命保险公司的成立纪念日，齐藤竹之助全力以赴，第一次实现了1.4亿日元的月销售额。其后，他在同年11月又创造了2.8亿日元的纪录。也正是在这一年，他登上"日本保险销售员第一"的宝座，成为了日本首席保险销售员。

1963年，齐藤竹之助的年保费达12.26亿日元。这一年，他被美国的百万圆桌会议（MDRT）吸收为会员。在随后的4年中，他作为唯一的亚洲代表，连续4年出席例会，最后被认定为MDRT终身会员。

取得了这些成绩之后，不断进取的齐藤竹之助又为自己制订了下一个目标——在销售生命保险的事业中，成为世界第一的销售员。1965年，他签了4988份合同，年销售额已达到27亿日元，即使是在生命保险业最发达的美国也从没有人能够达到如此佳绩，齐藤竹之助以72岁高龄登上了世界首席保险销售员的宝座。

齐藤竹之助对于成功经验的概括只有两点：一是要有坚定的信念，二是要有不断努力工作的精神。

正是由于齐藤竹之助有着积极努力工作的精神，才取得了如此骄人的成绩。可见，努力工作是一个人不断成长、不断取得新成绩的直接动力。没有努力工作，成功就少了支点。

努力工作，对于我们人生的真正价值就在于开创未来。今天的成就是因为昨天的积累，明天的成功则有赖于今天的努力。我们需要明白这样一个道理：现在努力工作是为了未来的发展。

努力工作，迟早会得到回报，任何人都要经过不懈的努力才能有所收获。收获的成果多少取决于这个人的努力程度，没有机缘巧合这样的事存在，因此为了自己更加需要努力工作。如果你一直努力工作，一直进步，你就会拥有一个美好的未来。

阅读思考：

（1）齐藤竹之助的成功能为我们带来哪些启示？

（2）你在为自己的未来而努力工作吗？

4

有激情，工作才有无限可能

激情，是一种情绪、一种精神状态、一种阳光心态。激情是做好任何工作的必要条件，激情可以使一个人长期保持有效的战斗力，把全身的每一个细胞都调动起来，完成他内心渴望完成的工作。

激情是吹动船帆的风，没有风，船就不能行驶；同样，在工作中，如果没有激情，工作就没有动力，可以说，激情是干好各项工作的不竭动力。无论做什么事情，都要有激情，有了激情，才会有原动力和推动力，才会使自己的能力得到充分的发挥。

在微软公司的价值观里，激情工作是极其重要的一条，公司要求员工每天都能以饱满的激情投入一天的工作，并坚信自己一丝一毫的努力都将是对科技事业发展的贡献，都将对千万人的生活产生积极影响。因着这样的积极心态，微软一直以来都领跑在世界各大企业的前头。如果企业员工都能以这样的激情去对待工作，那这个企业便有福了，像微软一样，想不兴旺都难。以这样的激情去对待工作，自然能收到好的效果。

微软的招聘官员曾经坦言："我们愿意招的'微软人'，必须是一个非常有激情的人：对公司有激情、对技术有激情、对工作有激情。我们认为，一个有激情的人才能有所作为。"

"企业需要带着激情去工作的人！"不仅微软这样的大公司是这样要求的，一般的小公司也都这样认为。一家公司的人力资源人士表示："我们在对外招聘时，特别注重人才的基本素质。除了要求求职者拥有扎实的专业基础外，还要看他是否有工作激情。一个没有工作激情的人，我们是不会录用的。"

联想集团董事局主席柳传志说过："一个没有工作激情的员工，不可能高质量地完成自己的工作，更别说创造业绩。只有那些对自己的愿望有真正热情的人，才有可能把自己的愿望变成美好的现实。"

　　工作必须具有一种激情，胸怀激情的人，无论碰到什么事情，都能够以积极的心态去面对、去行动。他们无论什么事情都充满干劲和动力。

没有激情，哪来的作为

　　始终以旺盛的激情工作不但可以提升你的工作业绩，而且还可以给你带来许多意想不到的成果。

　　很多人初入职场时，都曾有过激情四射的工作状态。可一旦工作驾轻就熟，激情也往往随之湮灭了，一切似乎都变得平平淡淡，昔日充满创意的想法消失了，无法找回曾经让自己心跳的激情。

　　一个人在一个岗位上工作久了，难免会失去对工作的激情，工作的成效也肯定会降低。

　　一位著名企业家曾经说过一句话："没有激情，如何创造出工作成绩？"一个人若是对工作没有激情，也就失去了前进的动力，也就不能做出有创造性的业绩。

　　在一家公司某部门上班的小赵，对自己的工作毫无激情，每天都是拖着沉重的脚步去上班，到了办公室，也总是一副心不在焉的样子，做什么事都提不起兴趣，而且还牢骚满腹，对他来说，工作就好像是服劳役一样，苦不堪言。一年过去了，虽然没有出什么大错，但业绩平平，成了公司可有可无的人。最让老板忍无可忍的是，小赵的颓废状态越来越严重，甚至影响到了他人的工作情绪，受他的不良情绪影响，跟他共事的其他同事工作时也打不起精神。像小赵这样的人，老板没有开除他，算是对他最大的照顾了。

　　而在公司的另一部门，小陈的表现与小赵有着天壤之别。每天，同事们看到的是一个精神抖擞，乐观自信，面带微笑的小陈。小陈一到公司，总是热情地和同事们打招呼，开几句幽默的玩笑，然后看到的便是他忙碌工作的身影。在工作中遇到难题时，他会想方设法寻找解决方法，遇到挫折，从不气馁，有这样的激情，同事们都很喜欢和他接触，他身上散发着积极的工作状态，让大家感受到了工作的乐趣。一年过去了，小陈因为业绩突出，工作能力强，从销售员晋升为销售经理。

激情是生命力的象征，有了激情，才能强烈地感染他人，才会有解决问题的魄力和方法。

同样一份工作，同样的条件，同样由你来干，有激情和没有激情所产生的工作结果是截然不同的。前者会使你充满活力，工作干得很出色，创造出许多辉煌的业绩；而后者会使你变得懒散，对工作冷漠处之，自然不会有业绩。

一个人要获得事业的成功，首先要对工作充满无限的激情。不凡的业绩、最佳的工作效果来自于我们不断高涨的工作激情。只有满怀激情全身心地投入到工作中去，才能创造不凡的业绩，体会到成功的喜悦。

激情是成就事业的砝码

每个人都渴望成功，成功需要激情。激情是成就事业的砝码。然而有许多人之所以不能取得成功，就是因为缺乏激情。激情，是热爱某项事业或工作的一种执着的感情，是一股伟大的力量。因此，每个人都不要低估了激情对于成就一番事业的巨大作用。

激情能发挥并挖掘人的最大积极性和潜能，实践证明，一个对工作充满激情的人，无论遇到多大的困难，都会锲而不舍、一丝不苟地去完成任务、做好工作。

一汽——大众公司焊装车间高级工人技师王洪军，在十几年的工作实践中，发明了40多套、2000多件工具，填补了国内外这个领域的空白，因而被誉为"生产线上的千面观音"。

2007年2月27日，这位始终保持激情的一线工人，登上了我国科技殿堂的最高领奖台，从党和国家领导人手中接过国家科学技术进步奖的获奖证书，获得了国家科学技术进步奖二等奖。

王洪军是一个对工作充满激情的人。为了尽快掌握车身修复技术，他一心扑在工作上，工作时间不分上班和下班。他一直想自做展车，为了实现这个梦想，他全心全意、费尽心思跟外籍技师学技术，外籍技师一动手，他就在旁边仔细地观看；外籍技师一停下活儿，他就马上把一些重点记在本子上；外籍技师下班了，他就在废件上不停地鼓捣、琢磨，权当练手。俗话说，世上无难事，只怕有心人，王洪军这个有心人通过自己的不懈努力，最终掌握了高难度展车的制作方法。同时，王洪军凭着多年的实践经验，改造了许多工具，比如，由制作Z型钩、T型钩、打板等单件工具，发展到多功能组合工具。

是什么让王洪军这么全心全意投入工作呢？当然是激情，我们知道，没有激情，就没有行动的动力，就不会主动去学习、去创造，自然也就谈不上在平凡的岗上创造辉煌了。

试想，假如王洪军抱怨钣金整修岗位的工作又苦又脏又累，不安心工作，朝三暮四，总想跳槽，会有后来一个又一个的发明创造吗？他还能掌握绝技绝活吗？还能与众多科学家肩并肩，一起站在国家科技殿堂的最高领奖台上领奖吗？

王洪军的事迹告诉我们，只要干一行、爱一行、专一行、精一行，用责任心点燃自己的工作激情，在平凡岗位也能干出一番事业。

人活着要有精神，干工作就更要有激情。企业所需要的员工，是满怀激情的优秀员工。他们有进取精神，喜欢向看起来似乎不可能完成的任务挑战，而且总是充满强大的自信心，在工作中付出全部的精力和智慧，破除一切艰难险阻，直至大获全胜，成就伟大的事业。

激情是工作的灵魂，没有激情，就如同一个人没有灵魂。如果你在工作中充满激情，就会有许多意想不到的结果，获得非凡的成就。

有激情，工作才能有无限可能。激情不是与生俱来的，而是需要培育、点燃的。那么，点燃自己的工作激情，在工作的激情中创造属于自己的奇迹吧！

阅读思考：

（1）厌职情绪和缺少工作激情是十分普遍的现象，美国权威调查机构数据显示，有98%的人都对自己的工作有不同程度的厌倦和不喜欢。请思考并讨论，是什么让我们厌倦工作？是谁偷走了我们的工作激情？

（2）"企业需要带着激情去工作的人！"你是一个拥有激情的人吗？是不是因为有了激情，你的工作比别人更出色？

（3）扪心自问，你是充满激情去工作，还是带着抱怨去工作的？

（4）请结合文中的案例，谈谈有激情和没激情对工作有什么不同的影响。

⑤

用感恩代替抱怨，踏实工作方能成就未来

在现实世界中，有太多的人虽然受过很好的教育，并且才华横溢，但在公司里却长期得不到提升，为什么呢？主要是因为他们不愿意自我反省，总是怀疑环境，对工作抱怨不休。工作中时常表现出这样的情况：一项任务交代下来后，如果上司不追问，结果十有八九不了了之；有些事情，如果上级不跟踪落实，就很难有令人满意的反馈；还有的人面对布置的工作常常只会睁大眼睛，满脸狐疑地反问上司"怎样做？""这事我不知道啊？"抱怨的人很少积极想办法去解决问题，不认为完成工作是自己的责任，却将诉苦和抱怨视为理所当然。

一味地抱怨会使人的思想摇摆不定，进而在工作上敷衍了事。抱怨使人思想肤浅，心胸狭窄。一个将自己的头脑装满了抱怨的人是无法想象未来的。抱怨只会使他们与公司的理念格格不入，更使自己的发展道路越走越窄，最后一事无成。

英特尔公司总裁安迪·葛洛夫曾经对他的下属说过这样的话："抱怨能够解决问题吗？抱怨能够帮助你改变现状吗？抱怨能够使你的工作做得越来越好吗？什么都不可能！"

当抱怨解决不了任何问题的时候，我们不妨换个角度来解决问题：与其抱怨工作，不如怀着感恩的心去工作。

怀着感恩的心去工作

一个有感恩心的员工，会执着而无私，敬业而忠诚，富有责任感和使命感，会把对企业的感恩转化为勤奋工作、刻苦学习、奉献企业的实际行动。

1994年，出生在一个普通农民家庭的程军荣在一次偶然的机会中被招进某军工厂，成为一名工人。

从农民到工人，程军荣的感恩之情溢于言表，虽然只是个搬运工，他仍然很珍惜这份工作，因此他工作勤劳、认真做好自己的本职工作。车间里的技工师傅们熟练的操作技术，让程军荣美慕不已，作为一名农民工，程军荣怯生生地向上级提出了学车工的申请，没想到居然顺利地被批准了。

"我是幸运的，赶上了好时候。"程军荣所谓的"幸运"，其实是对企业的感恩。他说，"1994年进厂的时候，我只是个搬运工，干的是纯粹的体力活儿，因为没有一技之长。当时我就想，如果企业发生变动，第一个走人的就会是我。于是我提出来想学车工，对此企业领导十分支持，之后许多培训机会，都是企业为我创造的。"

程军荣对企业充满了感激之情，并决心要学好车工。被调到机加车间后，他非常珍惜机会，把能不能当好车工当成是对自己的一个考验。他四处收集有关车工技术方面的书籍，当别人在休息或打牌的时候，程军荣都在努力地学习着。遇到不懂的地方，他就记下来第二天问师傅，工夫不负有心人，一般人要三个月才能在师傅的指导下上车床，程军荣不到一个月的时间就能独立完成基本操作了。

一段时间之后，程军荣明显感受到了自己文化功底的薄弱。为了提高自己的文化素质，他静下心来从头学起。先是参加了工厂夜校的高中文化补习，在获得了高中毕业证后，复习三个月又考取了南京航空航天大学夜大"计算机信息管理"专科。

程军荣怀着感恩的心情，格外珍惜上夜大这来之不易的学习机会。他把工余时间充分利用起来，全身心地投入到知识与技能的"充电"当中。为了掌握电子数字应用技术，他省吃俭用，虽月工资不足800元，却买了台价值9000元的电脑。几年的孜孜不倦，他拿到了"计算机信息管理"大专文凭，掌握了金属切削和数控机床应用的现代专业知识，在企业中成为掌握数控机床，应用电子数字技术的车工第一人！

2005年，车间承接了一批新机器配件加工任务。该零件需要专业厂家用专业设备和特殊模具加工，但要支付高昂的加工费，时间进度要求只能自己干。厂里把这块硬骨头交给了程军荣。程军荣在7天之内查阅了40多本相关资料，经过上百次的反复实践，终于摸索出了一套"温控冷滚压加工方法"，成功地完成了加工任务。这种方法节省了高昂的模具费用，后来被工厂推广使用。

十几年来，程军荣在自己的工作岗位上勇于创新、刻苦钻研，认真负责，攻克了一个又一个加工技术难题，成为工厂最年轻的工人技师。

程军荣从一名普通的农民工成长为高级技师，从一线普通工人到全国"五一"劳动奖章获得者，从一个农民工到第十一届全国人大代表。他深深体会到，是工厂为他搭建了通向成功的平台，是打工之路改变了他的命运，工厂良好的学习氛围和环境成就了他的今天。

程军荣说："每个人的成长离不开身边的环境，工厂良好的用人环境和社会对技术工人十分重视的大环境，让我有了今天的成就和荣誉。我们要懂得感恩，要感恩企业、感恩国家、感恩我们身边的每一个人，人越懂得感恩，就越能走得更远。"

一个文化程度并不高的工人，对工作心怀感恩，踏实负责地做好了自己的本职工作，继而舞出了一段属于自己的华章。

程军荣有着一颗感恩的心，把工作当成企业赠予自己的礼物，努力寻找工作的意义，用自己的进步推进企业的发展。懂得感恩的人往往会热爱工作，踏实地干好自己的本职工作，为企业创造出辉煌的业绩。

化抱怨为感恩，踏实工作方能成就未来

抱怨，是最无济于事的一种态度，而且还时常引发人们的消极心态，像病毒一样感染人群。一个经常抱怨的人，不是无助，而是无能。在这个世上，没有比抱怨更糟糕的处世心态了。

抱怨对人生永远是个负数，永远是种极为晦暗、消极的偏执思维，它会让人陷入一种负面的生活、工作状态之中。因此，若想改变生活、改变

人生，就要用积极的心态去面对自己的工作，就要放弃抱怨、停止抱怨，用感恩去取代抱怨。

比尔被公司总部派到德国分部工作。与美国总部轻松、自在的工作氛围相比，德国的工作环境显得紧张、严肃并伴有较大的压力，这让比尔很不适应。

有些烦躁不安的比尔向上司抱怨："这环境让我快要发疯了，我就像一条快要干死的鱼！"

上司是一位在德国工作多年的美国人，曾经也有过类似比尔这样的感觉，他完全能理解从一个熟悉的环境进入另一个陌生的环境，无论是饮食上还是精神上肯定会有所不习惯，何况是跨国跨地区，必须要有一种良好的心理素质来适应它。

"我教你一个简单的方法，这是我的切身体会，不管对任何人都说'我很感激'或者'谢谢你'，记住，要面带微笑，要发自内心。"

对上司的这个方法，比尔将信将疑，他抱着试试看的态度照着做了，结果发现上司的这个方法真的很不错，只是起初觉得很别扭，毕竟"发自内心"不是那么容易。几天下来，周围的同事似乎友善了许多，自己在说"谢谢你"的时候也越来越自然，此时的比尔真的是发自内心的感激了。

原来周围的环境并不像自己想象中的那样糟糕，比尔觉得在德国工作是一件既能磨炼人又让人感到愉快的事情。

是什么改变了这一切？当然是感恩的态度！

"谢谢你！""我很感激！"当你微笑而真诚地说出这些话之后，感恩的种子已经在你自己和别人的心里种下了，这是比任何物质奖励都宝贵的礼物！

感恩是一种积极的心态，更是一种向上的力量。当你以一种知恩图报的心情去工作时，你会工作得更愉快，更有效率！

停止抱怨，心怀感恩，对企业多一份感情和责任，把精力都用在踏实工作上。当员工们都有了一颗感恩的心，企业不愁不发展，员工也不愁没有美好的明天。用感恩代替抱怨，踏踏实实去干好自己的工作，企业一定会回馈你美好的未来。

阅读思考：

——

（1）面对工作和生活中的不如意，你抱怨过吗？你打算如何用感恩的心来驱逐心中的抱怨？

（2）你是一个懂得感恩的人吗？想一想，怀着感恩的心去工作，会给企业和你自己带来哪些好处？

6

高效工作：赢在当下便赢得了未来

两个年龄和学历相同的女子小陈和小黄，在同一家公司工作，小陈加薪升职、一路青云直上，而小黄无论是职务还是薪水总是低小陈一级。小黄总认为老板这样做很不公平。

终于有一天，小黄找到老板发起牢骚来："老板，你每次交代我做的工作，我都努力去完成。几乎每天我都把做不完的工作带回家去做，即使牺牲休息时间我也在所不惜。我如此为公司卖力，为什么你总是给小陈加薪升职，而没有我的份？"

"小黄，既然你提出了这个事，那我就给你一个说法。"老板开口说话了，"同样的工作时间，同样性质的工作，同样的工作量，但是小陈每次在下班以前就把工作很好地完成了。她做到了'今日事，今日毕'，而你却只能做到'今日事，今夜毕'，有时还把一些重要的工作给耽误了。你现在明白我为什么给小陈加薪升职而不给你加薪升职了吧？"

小黄听了老板的一番话，哑口无言。她终于明白自己是输在速度和效率上了。

小陈为什么总比小黄早一些完成，而且做得更好，其关键的差别就是她的工作效率比小黄高。

工作和效率是密不可分的，优秀的员工，必然是一个强调效率的人。要想成为最受企业欢迎的人，要想获得比别人多的成就，必须学会有效利用时间，高效地工作。因为"赢在当下便赢得了未来"。

规划好自己的时间，高效地把工作做好做到位

职场中，不少人总是哀叹自己的时间不够用，觉得整天被自己的工作追着跑，主要原因就是没有规划好自己的时间。

龙斯本来是一家公司某部门的副经理了，就是因为不善于规划自己的时间，分不清事情的轻重缓急，最终落得被公司辞退的结局。

事情是这样的，那天一上班，龙斯看到桌上一摞报表，本能地眉头一皱，每天都要处理这样一些枯燥乏味的工作，实在令他心烦气躁。但是为了生活，为了这份不错的薪水，不得不坐下慢慢审阅。

龙斯正在看着报表的时候，秘书进来对他说："龙副经理，有一位客人想见你。"

现有的工作才刚开始做，又听说有客人要见，令他很不高兴，他想把手头的这份报表看完再去，便不在意地说："让他先在客厅等一会儿，我马上就过去。"

等龙斯忙完手中的事以后，他才走进会客室，只见客人正焦躁地在会客厅里徘徊。龙斯马上满脸堆笑地说："对不起，我今天的事情太多了，实在抽不出时间。"

受了冷落的客人听了他这句话，也没有好脸色，说："既然你实在没有时间，那么我们改天再谈吧。"

说完客人转身就走了。龙斯站在那里不知所措，不知是去挽留还是去送客才恰当。

第二天公司就辞掉了龙斯，因为龙斯的行为使公司失去了100万元的生意。

人们似乎总是认为时间没有什么，因此便无节制地浪费时间，更准确地说是混时间。对时间毫无计划，最终只能导致一种结果，那就是越忙越乱、越乱越忙。

在工作中，其实我们很容易犯和龙斯同样的错误，而且很多时候我

们可能根本没有意识到自己有这方面的问题，但是它却切实地存在着并且一直影响着我们的工作效率，而工作效率不高就会使我们感觉压力大、心情压抑低落，这样的心情又会影响工作，这样周而复始就会形成一个恶性循环。所以在工作中一定要学会安排时间，用有限的时间做无限的工作，让每一分钟都体现出应有的价值。不要让时间白白地溜走，空留遗憾和长叹。

时间对于每个人来讲都是公平的。要想在自己的工作中取得良好的成绩，按时保质地完成任务，就应当充分利用每一分钟，做好自己的时间管理。

分清事情的轻重缓急，先做好最重要的事情

我们在日常工作生活中经常会有这样的感觉：虽然我们方向无误，目标正确，工作起来也很努力，每天忙得团团转，可就是工作的结果并不理想。相反，有些人每天不慌不忙，闲庭信步，却卓有成效，事半功倍。除去运气等不可控制的因素外，还在于要明白事情的轻重缓急程度。

不同的行业，不同的工作岗位，会有不同的规律和要求，如何去做，要自己不断地摸索总结。但对每个工作着的人来说，都必须清楚：在我们每天必做的事情当中，哪些是能给我们带来最大效益的。

工作需要章法，不能眉毛胡子一把抓，要分轻重缓急！这样才能一步一步地把工作做到位，避免拖延。在工作中，只有分清事情的轻重程度，把时间和精力用在最重要的事情上，才能收到良好的效果。

被美国《时代》杂志誉为"人类潜能的导师"的史蒂芬·柯维博士曾经这样说过："人类的重要任务就是将主要事务放到主要的位置上。"分清主次，先做最重要的事情，这是我们提高工作效率最简洁、最有效的方法。

无论是在工作中还是在生活中，如果我们要想过得轻松自如、游刃有余，就必须懂得"要事第一"的道理。

工作的时候如果我们分不清事情的轻重缓急，不但会浪费许多时间，还可能让我们的努力全部"归零"。

或许你会想：事情会有这么严重吗？看完下面这个故事就明白了。

有一位培训师曾经目睹一位在理发店当经理的朋友"差点被气死"的过程：

那天理发店里的生意真是太好了，所有的理发师包括理发师助理都忙得不可开交。培训师的朋友正忙着帮客人剪头发。突然他发现身边有位正在烫头发的客人该拆卷了，否则时间久了头发会被烫坏。于是他马上调一位在整理发卷的助理来为客人拆卷，谁知这位助理固执地非要把手边的工作完成才肯接下一个工作，完全不顾客人的头发超时会被烫坏。

这位助理由于做事不分轻重缓急，所以成为了经理眼里的"头痛人物"。现在，就请你回想一下，下面这些情景是否经常出现在你的工作之中？

你的手边是不是永远有一堆琐琐碎碎的小事，怎么做都做不完？

你是不是觉得自己手边所有的工作都"一样重要"？

你是不是非得先做完手边的事情，才肯再接新的任务？

你是不是经常要求上司为你"调整工作进度"？

如果你的回答都是"是"的话，那你可要提醒自己了，说不定你已经成为别人眼中的"头痛人物"了。

在工作中，我们常常会被各种琐事、杂事所纠缠。其中有不少人由于没有掌握高效能的工作方法，而被这些琐事、杂事弄得筋疲力尽，心烦意乱，总是静不下心来做最该做的事；有的人被那些看似急迫的事所蒙蔽，根本就不知道哪些是首先应该做的事，结果把一些该做的事给耽误了。

在工作中，有些事情是非常重要的，如果我们分不清事情的轻重缓急，把精力分散在一些微不足道的事情上，那么重要的工作就很难完成。

那么，在我们待办的事情之中，到底哪些事应先着手处理？哪些事可以延后处理，甚至不予处理呢？

许多年前，美国伯利恒钢铁公司总裁查理斯·舒瓦普向效率专家艾维·利请教"如何更好地执行计划"的方法。

艾维·利自信地说："我可以在 10 分钟内就教会你一种非常有效的方法。只要你照着这种方法去做，可以让你公司的业绩提高 50%。"

随即，艾维·利递给舒瓦普一张空白纸，说："请在这张纸上写下你明天要做的 6 件最重要的事。"

舒瓦普只花了几分钟便写好了。

艾维·利接着说："请在每件事情的后面按重要性来标明次序。"

舒瓦普又照着做了。

艾维·利说："把这张纸条收好，明天早上第一件事就是，先把纸条拿出来，按照纸条上的标注，开始做第一项最重要的事，其他的先别管，直到第一件事情做完为止。然后依此类推，做第二项、第三项……即便你用了一整天的时间来做完第一件事也不要紧，因为你总是在做最重要的事情。"

艾维·利最后说："你每天都花几分钟时间来这样做，叫你公司的人也这样做，当你对这种做法所产生的价值深信不疑之后，给我寄支票来，你认为我教你这种方法值多少就给我多少钱。"

1 个月后，舒瓦普给艾维·利寄去一张 2.5 万美元的支票，并在附上的信中说，那是他一生中最有价值的一课。

5 年之后，这个当年不为人知的小钢铁厂一跃成为世界上最大的独立钢铁厂。不得不承认，艾维·利提出的方法功不可没。

凡事都有轻重缓急，对重要性最高的事情，应该优先处理，不要将其与重要性最低的事情混为一谈。许多重大目标无法达成的主因，就是因为你把大多数时间花在了次要的事情上。

人们普遍有个不按重要性顺序办事的倾向，多数人宁可做令人愉快的或是方便的事。事实上，按重要性办事是有效利用时间、提高办事效率的最好办法。

一个员工想要高效地完成任务，首先必须要有区分不同工作的重要程度、对事情进行筛选的能力，其次才是你尽快完成任务的能力。你必须把时间投入少数几件具有高报酬率的事情上。

如果你养成了根据工作的轻重缓急来组织和行事的习惯，就能把工作逐一归类，合理地支配时间，做最该做的工作。按这个方法去做，你就将不再为繁忙的工作所累，还能少花时间而把重要的事迅速做好做到位。

"要事优先"的办事原则理解易执行难，却是医治办事效率低下的良药。让我们一起共勉吧：努力提高工作效率，共同成就美好的未来！

阅读思考：

（1）你会有效利用好自己的时间，把工作高效地做好做到位吗？

（2）龙斯是因为什么原因而使公司失去了一百万元的生意？

（3）史蒂芬·柯维博士说："人类的重要任务就是将主要事务放到主要的位置上。"在职场拼搏的你，是否做到了这一点呢？

（4）你是不是也跟文中的那个理发助理一样非得先做完手边的工作，才肯再接新的工作？你觉得这样做会给你的工作带来哪些影响？

（5）效率专家艾维·利的方法给我们带来了哪些启示？在日常工作中，我们应该遵循什么样的原则去做最重要的事？

7

心动不如行动，行动创造未来

"临渊羡鱼，不如退而结网。"古人早就告诉过我们这个道理：与其心动不如行动起来。

平庸者和成功者之间的最大差距，就在于是心动还是行动，很多人有心动的想法，但不一定去行动，一个不能将自己的想法付诸行动的人，怎么有可能梦想成真，创造未来呢？

在一堂成功学讲座上，主持讲座的成功学家对在场的学员说："想成功的人请举手！"

学员们齐刷刷地都举起了手。

成功学家又说："想成为顶尖级人物的请举手！"

学员们再次都举起了手。

成功学家继续问："目前已经成为顶尖级人物的请举手！"

这回只有极少部分人举起了手。

成功学家笑了笑，幽默地问大家："你们想成功想了多久？"

这回学员们几乎是异口同声地回答："想了一辈子了！"

"那为什么还没有实现呢？"成功学家继续追问。

有人不好意思地小声回答："我们只是想想而已。"

"这就是你们没有成功的原因。"成功学家说："你们都有成功的想法，但你们不去行动，不去做，那怎么可能成功呢？成功怎么会找上门来呢？"

再多的心动都不如一次实实在在的行动，而行动的累加最终决定了未来的走向。

只说不做，哪来的收获

曾经看到过这样一则寓言故事，说的是狗熊和兔子在冬天艰难觅食的时候，对来年的打算和理想。大意是这样的：

冬天的一个傍晚，一只有气无力地的狗熊和一只无精打采的兔子在雪地上寻找食物时相遇了，它们已好几天没有吃的了，饿得实在不行，只好在这冰天雪地的天气里出来觅食。可是，到处都是白茫茫的，哪里能找到可吃的东西呀，即使有吃的，也被覆盖在雪下了。

又冷又饿，又没找到吃的，饥肠辘辘的狗熊对兔子说："再也不能这样了，等冬天一过，我就要种一块地的玉米，到秋天时一定能收获很多的玉米棒子，我把这些玉米棒子储藏在山洞里，留着冬天来临时再吃，就不会像今天这样饿肚子了。"

垂头丧气的兔子附和着发表感慨："是呀，再不能这样过了，一开春，我就种一块地的胡萝卜，等秋收后，我把这些胡萝卜藏在地窖里，等到冬天没食物可吃的时候再吃，就不会像现在这样到处找吃的，还找不着。"

第二年的冬天到了，狗熊和兔子又在同一地方觅食时相遇了。看来，它们今年的情形跟去年差不多，狗熊的洞里没有玉米棒子，兔子的地窖里也没有胡萝卜，不然它们不会在这样的天气里出来找食。狗熊不再提种玉米的事，兔子也不再提种胡萝卜的事，它们相互苦笑了一下，便各自又去觅食了。

原来，狗熊在春天可以采蜂蜜吃，种玉米的事早已忘得一干二净。兔子一开春就种了胡萝卜，到夏天时，兔子却懒得在太阳底下给胡萝卜浇水，结果胡萝卜全旱死了。

在现实生活中，也有不少"狗熊式"与"兔子式"的人。"狗熊式"的人总是说要去干什么事，但就是看不见他去行动，到头来一无所获。"兔子式"的人做事有始无终，令先前的想法和计划全部落空。

故事虽简单，但却告诉了我们一个很深刻的道理：只想不做哪来的成果，光说不做哪来的收获。

北京有句俗话，叫做"天桥的把式——光说不练"，这用来比喻某些人的漂浮作风是非常合适的。有位作家曾戏言：美国人是做了再说，日本人是做了也不说，而很多中国人则是说了也不做。这话虽然有点偏激，但也从一个侧面反映了一种现象：在很多单位里都会有这样的人，他们是语言的巨人，行动的矮子，说得很好，却总是做不到。

在任何组织中，不管是领导者，还是最基层的工作者，都必须认识到只有真正行动才能获得成功，说得再好，如果不付诸行动，成功始终遥不可及。因此，在工作中应该杜绝一切空虚的口头谈论，全力以赴，尽职尽责地把自己的工作做好。

一个人的成功取决于他的行动，没有行动就没有结果，没有结果当然谈不上成功。

很多人在做事的时候根本没有行动力，也就是没有一直坚持在做，所以他们一直无法成功。更有一些人，他们甚至连做都不做。

有一则寓言：

四川某地区有两个和尚，其中一个富裕，一个贫穷。他们都想到南海去。但苦于路途遥远，一直没有成行。

有一天，穷和尚对富和尚说："我想到南海去，这是我多年的愿望，你去吗？"

富和尚说："你凭什么去呢？你又没有盘缠。"

穷和尚说："可以化缘呀，只要一个水瓶，一个饭钵就可以了。"

富和尚说："我一直想租条大船沿着长江而下，可惜要很多钱，我要攒够了钱才能去。"

第二年，穷和尚从南海回来了，把一路见闻告诉富和尚，富和尚听了感到非常后悔和惭愧。

穷和尚与富和尚的故事说明了一个简单的道理：说一尺不如行一寸。

克雷洛夫说过："现实是此岸，理想是彼岸，中间隔着湍急的河流，行动则是架在川上的桥梁。"

　　行动才会产生结果，行动才是成功的保证。任何伟大的目标，伟大的计划，最终必然会落实到行动上。

　　只说不做，结果永远是零。无论你现在决定做什么事，无论你设定了多少目标，一定要立刻行动。现在做，马上就做，这是一切成功人士必备的品格。

有了好想法就立即去做

　　拿破仑曾说过："想得好是聪明，计划得好更聪明，做得好是最聪明又最好。"

　　未来是行动出来的，不是想出来的。再好的想法与计划，也是需要行动来完成的。作为一个从业者，有想象力和思考能力是件好事，但是光有想法还不够，还要勇于将自己的想法付诸行动。

　　比尔·盖茨曾说："有了好的想法，就马上去做！只有立即付诸行动，才会取得成功。"

　　著名职业经理人唐骏刚开始在微软就职的时候，只是一个软件开发工程师。唐骏说："微软过去开发Windows操作系统，一贯的做法是1000多人先开发Windows的英文版，之后再找到国际部，让国际部的人去开发中文版、德文版、意大利文版、日文版等。所以等到发布中文版时已经是6个月或9个月之后了，所以我们以前用的Windows95中文版比英文版晚了半年。Windows3.1晚了一年半的时间。"

　　唐骏觉得微软这种传统开发模式有很多弊病，当时他就想如果能把中文版、德文版、意大利文版、日文版等变成一个统一版本，也就是把Windows的所有内核变成统一版本，就不用再多次开发了。

　　当时很多程序员与唐骏一样，也认识到微软的操作系统不能实现多种语言的兼容。他们也曾打算把Windows多语言版本变成一个统一的版本，把Windows的所有内核变成统一版本。但是大多数人也只是想想而已，没有人付诸行动，只有唐骏把想法变为了现实。

　　唐骏说："之后我就在业余时间把Windows的3300模块分成三大模

块，各个模块找个典型出来，在技术上实现了统一版本的模式。所以在这个模块上可以统一中文版、德文版、日文版，那么我就想，一个可以，那其他的也可以，之后我把这个模式命名为'唐氏开发模式'。"

唐骏后来回忆说："随后，我就和我的领导说了这个模式，领导说我很有想法，但并没有采用。所以我就给领导的领导即总监写信，又没有结果。之后我又给副总裁写信，还是没结果。可能很多人到这时已经放弃了，当时我没有，最后，我给比尔·盖茨写了很多封信。最后我终于触动了盖茨，采用了我的方案。"

2000年之后，几乎所有Windows版本都采用了统一内核，多语言版本同时开发的模式，"唐氏开发模式"大大提高了微软开发效率和推广速度，当然，也奠定了唐骏成为微软高管的基础。

心动不如行动，机遇与成功只会眷顾那些快速将想法付诸行动的人。

有一个好的想法，及时采取行动，不一定能带来令人满意的结果，但不采取行动就绝无满意的结果可言。只有行动才会产生结果。成功开始于想法，对想法立即采取行动，才有成功的可能。

行动力决定你的高度，行动力决定你的未来。心动不如行动，我们要用实际行动创造自己的未来。

阅读思考：

（1）有好的想法却并没有落实，你有过这种情况吗？现在回想起来，有什么感想？

（2）为什么说"只说不做，结果永远是零"？请结合工作实际谈谈你的看法。

（3）要克服"只说不做"的坏习惯，你应该怎么做？试着写出你的行动计划。

（4）唐骏的成功说明了什么？如果你是他，你也会像他一样把想法变成行动吗？